DIE SPANISCHE KÜCHE

PHANTASTISCHE ENTDECKUNGSREISE
DURCH DIE GASTRONOMIE
EINES EINZIGARTIGEN LANDES

BONECHI

Erklärung der Tabelle

SCHWIERIGKEITSGRAD	GESCHMACKSRICHTUNG	NÄHRWERT
● einfach	● mild	● niedrig
●● niedrig	●● würzig	●● mittel
●●● schwierig	●●● sehr kräftig	●●● hoch

Unsere Rezepte werden, vor allem, wenn die Zubereitung ein wenig mehr Aufmerksamkeit erfordert, zum besseren Verständnis durch eine Fotoreihe erläutert. Wir möchten Ihnen raten, zunächst die Zutatenliste (einschließlich der Angaben in Bezug auf Vorbereitungs- und Garzeiten, Schwierigkeitsgrad, Geschmacksrichtung und Diätwerte) im Einzelnen durchzugehen und dann das Rezept mit den jeweiligen Arbeitsschritten genau zu studieren, bevor Sie sich ans Werk machen. Und, wie immer, guten Appetit!

Zum Schluss noch eine "technische" Bemerkung. Mit dem Ausdruck "Paprikapulver", sowohl in der Zutatenliste als auch im Text der Rezepte, haben wir den Begriff *pimentón* wiedergegeben, der ein nicht unbedingt sehr scharfes Gewürz bezeichnet, das aus getrockneten und gemahlenen Paprika- oder Chilischoten der Sorte *capsicum annuum* hergestellt wird. Die schöne rote Farbe dieser Schote ist so intensiv wie ihre Würze. In Spanien findet man sie sowohl *fuerte* als auch *dulce* (die Verwendung hängt ganz vom persönlichen Geschmack oder von den regionalen Gewohnheiten ab). Es handelt sich um eine echte Zutat, die für das Gelingen der Rezepte unerlässlich ist, und nicht um einen bloßen "Akzent", der dem Gericht den gewissen Pfiff verleiht. In Englisch sprechenden Ländern wird das Wort mit *Paprika* übersetzt, doch handelt es sich nicht um den ungarischen Paprika, der aus indischen Paprikasorten mit kleiner Frucht und scharfem Aroma gewonnen wird. *Pimentón* wird aus Varietäten der Neuen Welt hergestellt. Dennoch kann man diesen Paprika, wie auch Paprikapulver aus Bio-Läden, trotz der Unterschiede in Geschmack, Farbe und gastronomischer Ergiebigkeit, als Ersatz für *pimentón* verwenden.

ADDENDA

Für das Rezept *Faves al tombet* auf Seite 105 und die beiden folgenden Gerichte (*Fabada asturiana* und *Habas a la rondeña*) werden eigentlich frische dicke Bohnen verwendet, doch gelingen sie auch hervorragend mit weißen Bohnen, vor allem mit den breiten "spanischen" Bohnen. Wir haben uns für letztere Lösung entschieden, weil es diese Bohnen frisch über einen längeren Zeitraum gibt als dicke Bohnen, und das ganze Jahr über, wenn man getrocknete Bohnen verwendet. In der richtigen Jahreszeit empfiehlt es sich jedoch, diese schmackhaften Eintopfgerichte mit dicken Bohnen zuzubereiten.

Verlagsprojekt: Casa Editrice Bonechi
Verlagsdirektor: Alberto Andreini
Koordination: Paolo Piazzesi
Grafischer Entwurf: Andrea Agnorelli e Maria Rosanna Malagrinò
Video-Umbruch: Vanni Berti
Umschlag; Maria Rosanna Malagrinò
Redaktion: Rina Bucci

Übersetzung: Heide Marianne Siefert

In der Küche: Lisa Mugnai
Diätfachmann: Dr. John Luke Hili

Die Fotos der einzelnen Gerichte sind Eigentum des Bonechi-Archivs und stammen von Andrea Fantauzzo

Die Landschaftsaufnahmen sind Eigentum des Bonechi-Archivs und stammen von:
Marco Bonechi, Luigi Di Giovine, Paolo Giambone, Andrea Pistolesi
Die Fotos auf den Seiten 72 und 120 sind von Maurizio Fraschetti

Für nicht ausgewiesene Photos dankt der Verleger im vorhinein für eventuelle Hinweise, die dann bei Neuauflagen übernommen werden.

E-mail: bonechi@bonechi.it Internet: www.bonechi.it www.bonechi. com

Druck in Italien: Centro Stampa Editoriale Bonechi

ISBN 88-476-0873-2

***

NICHT NUR PAELLA...

Ohne das Lob der hohen und renommierten Schulen der spanischen Gastronomie schmälern zu wollen, möchten wir darüber aber nicht die regionale Küche dieses Landes vergessen und einige typische Spezialitäten vorstellen. Die Grundlage einer guten Küche sind gute Zutaten. In Spanien, vor allem in den Mittelmeergebieten, wird fast alles mit Olivenöl zubereitet, das zuweilen in den zentralen und nördlichen Regionen durch Schmalz ersetzt wird. Landesweit beliebt ist selbstverständlich Fisch. Als semitisches Erbe gilt die verbreitete Verwendung von Reis und Auberginen, Safran und Mandeln, Pfirsichen und Aprikosen, Zuckerrohr und Honig. Spanien bietet darüberhinaus Käse (*cabrales, mahón, manchego, roncal* etc.), Salami und andere Wurstsorten (*jamón serrano, butifarra, chorizo, morcilla* etc.) von hervorragender Qualität: sie sind am Fuß der jeweiligen Rezepte beschrieben. Ein Hinweis auf die unendliche Auswahl an Weinen würde einen Band für sich in Anspruch nehmen. Aber wie wär's, wollen wir die Köstlichkeiten der iberischen Tafel gemeinsam erkunden?

Im Norden, am Fuß der Pyrenäen, liegt das **Baskenland**, das auf seine Küche ganz besonders stolz ist. Baskische Spezialitäten aus Meer und Gebirge sind in ganz Europa bekannt. Hier ein typisches Menü von der Vorspeise bis zum Dessert: *gambas en gabardinas, atún encebollado, txangurro, marmitako, bacalao al pil-pil* oder *bacalao a la vizcaína*, ein Rezept aus Bilbao, *merluza a la kotxkera* oder *besugo a la donostiarra*, ein typisches Gericht aus San Sebastián, *huevos a la vasca, huevos a la vizcaína, piperrada* und *purrusalda*, und zum Abschluss die süße *intxaursalsa*. Das grüne **Kantabrien**, die Gegend um Santander, auch "La Montaña" genannt, bietet eine zwar weniger renommierte Küche als die baskische, zeichnet sich aber durch Vielseitigkeit und Raffinesse aus. Auch hier halten sich Meer und Land die Waage mit *mejillones a la marinera* und *jabalí a la montañesa*. An den Pilgerstraßen im waldreichen **Asturien**, wo kein maurischer Einfluss herrscht und man *sidra* (Apfelwein) trinkt, kommen wir nach Gijón und Oviedo. Warum probieren wir nach der berühmten *fabada asturiana* nicht auch die *casadielles?*

Fahren wir weiter in das windgepeitschte **Galicien**, den äußersten Zipfel Europas im Atlantik, ein Land der Heiligen und Wunder, wo sich die Berge im klaren Wasser der *rías* spiegeln. Auch die üppige Tafel von Vigo, La Coruña, Orense und Pontevedra mit ihrer unverwechselbaren Note genießt wohlverdienten Ruhm. Sie konkurriert mit der baskischen Küche etwa mit einem Menü, das sich zusammensetzt aus *gambas en salsa gallega, pulpos a la gallega* oder *vieiras a la gallega* (die berühmten *conchas peregrinas* oder "Pilgermuscheln", die auf den Jakobsweg anspielen), gefolgt von *caldo gallego*, das inzwischen zum Nationalgericht aufgestiegen ist, *empanada gallega, bogavante a la gallega, revuelto de gambas y grelos*, und zum Abschluss *filloas dulces* oder *leche frita*.

Im Hinterland, unmittelbar südlich des Baskenlandes, liegt die berühmte Weingegend **La Rioja**, wo man *codornices en zurrón* und *patatas a la riojana* angeboten bekommt. Die waldreiche Region **Navarra** mit Pamplona ist bekannt für gebackene Forellen im Schinkenmantel, und trotz der baskischen Wurzeln gleicht das Land in gastronomischer Hinsicht eher dem benachbarten **Aragonien**, der historischen Region des mittelalterlichen Spanien mit den Städten Huesca, Teruel und Zaragoza (Saragossa). Die einfache und deftige Küche dieser Gegend ist in den *posadas* oder

Locanden zu Hause, wo der berühmte *chilindrón* zubereitet wird, Lamm oder Huhn mit Tomaten und Paprikaschoten; ein Geheimtip ist der köstliche *coliflor al ajo arriero* "auf Maulesel-Art".

Wir befinden uns jetzt in der christlichen altspanischen Region **Kastilien-León**, dem Land der Könige und Krieger, der zinnenbekrönten Burgen und historischen Städte wie Avila, Segovia, Valladolid, Burgos, León und Salamanca. Hier genießen wir eine reichhaltige und abwechslungsreiche Küche, die sich insbesondere durch *asados* auszeichnet, das heißt Bratengerichte, vor allem Wildbret. Wie wär's mit einem kräftigen Menü aus *arroz a la zamorana, hornazo castellano* im knusprigen Teigmantel, *liebre estofada a la castellana, ropa vieja,* einem wahren Meisterwerk der Resteverwertung, sowie *truchas a la zamorana*.
Berühmte Weine und ausgezeichneten Käse findet man in **Kastilien-La Mancha**, der Gegend um Toledo, Ciudad Real, Cuenca, Guadalajara und Albacete. Aus der gehaltvollen Küche dieser Region, die Ähnlichkeit hat mit der lusitanischen Tafel, kosten wir *judías verdes a la castellana* und die süßen *torrijas*. Die Großstadt Madrid mit ihren tausend Restaurants bietet zwar eine reichliche Auswahl im Rahmen der internationalen Küche, ist von der Tradition her aber an Kastilien, León und La Mancha gebunden, aus der die *sopa al cuarto de hora, chuletas de cerdo,* der berühmte *cocido madrileño,* inzwischen ein Nationalgericht, und die *tortilla capuchina* hervorgehen.
In der einsamen Region **Estremadura**, einem Wald- und Weideland an der Grenze Portugals mit den Städten Badajoz und Alcántara, finden wir die traditionellere Version der *sopa de ajo,* die ebenfalls zum Nationalgericht geworden ist, und *caldereta de cordero*.
Nicht nur Barcelona, sondern auch Gerona, Lérida, Tarragona und die Costa Brava liegen in **Katalonien**, der stolzen Region, deren westliche Grenze das Mittelmeer bildet. Das Land besitzt eine eigene Sprache (die an den Namen vieler Gerichte erkennbar ist) wie auch auf eine eklektische und doch wieder spezifische Gastronomie, mit einer besonderen Vorliebe für eine Kombination von Seemannskost und Landküche (wie die reichhaltige Palette an Gerichten zeigt, die unter dem Namen *mar i terra* zusammengefasst sind). Geradezu sprichwörtlich sind die ausgezeichneten Saucen, unter anderem *romesco* aus milden Paprikaschoten, und *sofrito*. Außer aus anderen Regionen Spaniens (vor allem aus der benachbarten Levante, wo der *arros negre amb alli i oli* und die weltberühmte Knoblauchsauce *allioli* zu Hause sind) spürt man provenzalische und italienische Einflüsse (insbesondere in der Verwendung von Nudeln, wie auch bei den *fideos a la catalana*).
Die katalanische Schule, die sich mit der baskischen um den ersten Platz streitet, bietet neben den obengenannten Gerichten ein durch-

Eine Ansicht von Barcelona mit der Kathedrale Santa Eulalia. Vorhergehende Seite, ein charakteristisches Restaurant im Barrio de Santa Cruz in Sevilla.

aus reichhaltiges Menü: *sopa de mejillones, asado de cerdo a la catalana, conejo al estilo tarraconense, pollo en samfaina* (Gemüsesud mit Auberginen und Paprikaschoten), *"cap roig" con salsa de ajo, rape en salsa de almendras, berenjenas a la catalana* und schließlich die berühmte *crema catalana*. Die **Levante** mit Valencia, Castellón de la Plana, Alicante und Murcia, wo der arabische Einfluss stärker bemerkbar ist, grüßt mit den herrlichen Stränden der Costa de Azahar und der Costa Blanca. Hier kann man in bezaubernden Ortschaften wie Elche, Benidorm und Javea unvergessliche Gerichte auf der Grundlage von Fisch, Krustentieren und Mollusken kosten. Den Reis und die spanische Reispfanne oder *paella* haben die Mauren eingeführt. Mit dem benachbarten Katalonien teilt die Gegend außer Sprache und Traditionen das Primat der bunten *zarzuela* und kann mit einem ebenso üppigen Menü aufwarten: *cigalas al ajo, arros amb crosta, jibias con setas, mejillones rellenos, tortilla murciana* und *faves* (Bohnen) *al tombet*. Das Archipel der **Balearen** mit Mallorca, Menorca, Ibiza und Formentera, vor der Küste Kataloniens, hat mit dieser Region die Sprache und die Küche gemeinsam, die durch französische und italienische Einflüsse noch bereichert wird. Neben ausgezeichnetem Fisch, den es überall gibt, stehen auf der Karte: *greixera de macarrones, sopa de col mallorquina, tumbet de pescado* (Fischkasserole mit Auberginen und Kartoffeln), *huevos mallorquinos* mit der typischen *sobresata, berenjenas rellenas* und, aus der Reihe der Desserts, *ensaimadas mallorquinas*, ein Schmalzgebäck, und *flaõ*, ein köstlicher Käsekuchen.

Arabisches Erbe macht sich in dem berauschenden **Andalusien** bemerkbar, wo zwischen Obst- und Olivenhainen die hervorragenden Weine von Jerez de la Frontera (wo der englische Sherry herstammt) gedeihen und mit denen der berühmte Muskateller aus Malaga konkurriert. Und da sind wir auch schon in dem von den Gipfeln der Sierra Nevada überragten Granada, fahren dann weiter in das legendäre Sevilla, in das geschichtsträchtige Córdoba und nach Cádiz, dem Tor der Neuen Welt und berühmten Fischereihafen, Almería, Huelva, Ronda und Jaén. Die andalusischen Tafelfreuden, die nicht zuletzt auf dem Reichtum der Landprodukte und Schätze aus dem Meer beruhen, verdienen ein absolutes Lob. Aus dem reichen Angebot wählen wir *brochetas de Alméria, pinchitos* oder *tortillitas de camarones a la gaditana*, den weltbekannten

Die Silhouette der Punta Roja bei El Médano im südlichen Teil von Teneriffa (Kanarische Inseln) und ein Tanzpaar von Ibiza (Balearen) in der traditionellen Inseltracht.

Blick in die herrlichen Gärten des Generalife in der Alhambra von Granada.

gazpacho (nicht zu verwechseln mit dem *gazpachuelo*), der, ebenso wie die *huevos a la flamenca*, zu einem typischen Landesgericht geworden ist; und dann *pato a la sevillana*, mit den fruchtigen lokalen Oliven, *pollo al jerez, estofado a la andaluza, pez espada a la malagueña, habas a la rondeña* und die köstliche Buttercremerolle *brazo de gitano*.
Abschließend ein Sprung zu den **Kanarien**, dem vulkanischen Archipel mit dem gemäßigten Klima mitten im Atlantik. Im Schatten des Pico del Teide auf Teneriffa warten die Inseln mit einer exotischen Küche auf, die der kontinentalen Tradition fernsteht und stark afrikanische Einflüsse verrät. Aus dem gastronomischen Angebot seien erwähnt: neben *gofio* die köstlichen Saucen, sog. *mojos* (*papas con mojos*), der *puchero canario*, ein urpsrünglich kreolisches Rezept, *conejo al hinojo, cabrito al salmorejo, pollo embarrado, encebollado de pescado, pulpos canarios, sancocho canario*, dazu die originalen *papas arrugadas*. Zum Schluss die *buñuelos de boniatos* oder süßen Kartoffeln, und *tortitas de plátanos*, köstliche Bananenküchlein, eine echte Spezialität dieser Inseln.

DIE MEINUNG DES DIÄTFACHMANNS

Auch die spanische Küche vertritt beispielhaft das, was man unter "mediterraner Kost" versteht, insofern als sie die Diätprinzipien jener Tafelfreuden voll zu wahren sucht, um die uns die ganze Weilt beneidet. Dabei handelt es sich insgesamt um eine Diät, die der arteriosklerotischen Degeneration und Herzkranzgefäßkrankheiten wie Iktus und Myokardinfarkt vorbeugt.
Bekanntlich beruhen die Vorzüge der mediterranen Kost auf einigen wichtigen Faktoren. So wird der Hauptanteil der Kalorien von komplexen Kohlehydraten gestellt, das heißt von Stärke aus Getreide, wie Weizen, und Reis. Eine wichtige Rolle spielen auch pflanzliche Fasern, vor allem unlösliche, etwa im Blattgemüse, oder auch lösliche, die im Obst enthalten sind. Fett zum Anrichten findet fast ausschließlich in Form von Extravergine-Olivenöl Verwendung und liefert so die (bei gemäßigtem Verbrauch) gesunde, einfach ungesättigte Ölsäure; weniger verwendet werden tierische Proteine, im Zusammenhang mit mehrfach gesättigten Fetten von hellem Fleisch und Fisch, vor allem dem sogenannten "Blaufisch".
Ob Eintopfgericht oder mehrere Gänge, Nudeln oder Grieß: alle Mittelmeervölker neigen in biologischer und chemischer Hinsicht zu ein und derselben Weise, die in der Natur enthaltenen Nährstoffe zu verwerten und der wir die Bezeichnung "mediterrane Kost" gegeben haben. Und was speziell die spanische Tafel betrifft, so sind die historisch starken Einflüsse der arabischen Herrschaft heute noch deutlich spürbar.

VERZEICHNIS DER REZEPTE

Tapas und Entremeses

Suppen, Nudeln und Reis

Fleisch, Geflügel und Wild

Fisch, Krustentiere und Mollusken

Eier, Tortillas und Gemüse

Gebäck und Dessert

Die Real Plaza de la Maestranza in Sevilla, die weltberühmte Plaza de Toros.

TAPAS UND ENTREMESES

Tapas *sind die verführerischen Appetitanreger, die viele Snack-Lokale anbieten und heute nicht selten als abendlicher Imbiss bevorzugt werden.*
Entremeses *sind Vorspeisen mit Meeresfrüchten oder Schinken- und Wurstwaren. Die Auswahl reicht von Krustentieren und Mollusken mit delikaten oder pikanten Saucen bis zu den hervorragenden spanischen Käsesorten.*

1

BROCHETAS DE ALMERÍA

Marinierte Fleischspießchen ☛ *Andalusien*

500 g mageres Schweinefleisch, Huhn oder Kalbfleisch (ein schönes geschlossenes Stück)
180 g geräucherter Bauchspeck
2-3 junge längliche Zwiebeln
2 Salattomaten
1 gelbe Paprikaschote
3-4 Scheiben hausbackenes Brot ohne Kruste, in Würfel geschnitten

Für die Marinade:
Pinienkerne (eine Handvoll)
Zimtpulver, Muskatnuss und Safran
Petersilie (ein Sträußchen)
Trockener Weißwein
Salz und frisch gemahlener Pfeffer
Olivenöl

Portionen: 8
Vorbereitungszeit: 20'+3-4h
Kochzeit: 7-10'
Schwierigkeitsgrad: ●
Geschmacksrichtung: ●●
Kalorien (pro Portion): 709
Proteine (pro Portion): 20
Lipide (pro Portion): 50
Nährwert: ●●●

1 Eine Handvoll Pinienkerne im Mörser zerstoßen und einen halben Teelöffel Zimt, eine Prise geriebene Muskatnuss und ein Tütchen Safran daruntermischen. Das Fleisch mit dieser Paste gleichmäßig bestreichen und in einer Terrine mit der gehackten Petersilie, einem Glas Weißwein und 4-5 Esslöffel Öl marinieren. Das Fleisch ab und zu wenden. Inzwischen das Gemüse putzen und waschen. Die Zwiebeln in gleichmäßige Stücke schneiden, die Tomaten und die Paprikaschote von Kernen und Rippen befreien und in kleine Dreiecke schneiden.

2 Nach 2-3 Stunden das Fleisch herausnehmen, abtropfen lassen (die Flüssigkeit der Marinade aufheben) und in kleine gleich große Portionsstücke schneiden, ebenso den Bauchspeck (vorher die Schwarte entfernen). Jetzt die Fleischstücke und den Speck abwechselnd mit der Zwiebel, den Tomaten- und Paprikaschoten-Dreiecken und den Brotwürfeln auf lange Spieße stecken. Mit einer Prise Salz würzen und 6-7 Minuten grillen, dabei die Spieße jede Minute wenden und mit der Marinade bepinseln. Andernfalls die Spieße in eine feuerfeste Form legen, mit ein wenig Marinade bespritzen und 10 Minuten bei 220 °C im Backofen garen. Ab und zu Marinade zugießen. Kurz vor dem Auftragen mit frisch gemahlenem Pfeffer bestreuen und ganz heiß servieren.

2

1

CIGALAS AL AJO

Scampi in Knoblauchöl ☛ *Levante und Andalusien*

1 Die Scampi pulen (Panzer und Darmtrakt entfernen), waschen und trockentupfen. Die Chilischoten waschen, Stiel und Kerne entfernen, trockentupfen und klein schneiden (bei Verwendung von getrockneten Chilischoten nur die Kerne entfernen). Zum Schluss die Knoblauchzehen häuten und der Länge nach vierteln.

1

2 Die Scampi, die Chilischoten und den Knoblauch in 5-6 Esslöffel Öl drei Minuten in der Pfanne sautieren, salzen und pfeffern. Sofort servieren.

2

1 kg Scampi
4-5 frische Chilischoten
1 Knoblauchknolle
Salz und Pfeffer
Olivenöl

Portionen: 8
Vorbereitungszeit: 15′
Kochzeit: 3′
Schwierigkeitsgrad: ●
Geschmacksrichtung: ●●●
Kalorien (pro Portion): 237
Proteine (pro Portion): 20
Lipide (pro Portion): 16
Nährwert: ●●●

Gambas en Gabardina

Gebackene Scampi ☛ *Baskenland*

1 kg Scampi
2 Zitronen und grüner Salat (zum Anrichten)
Frittieröl

Für den Backteig:
180 g Mehl
2 Eiweiße
Salz und Cayennepfeffer
Olivenöl

Portionen: 8
Vorbereitungszeit: 15′+10′
Kochzeit: 10′
Schwierigkeitsgrad: ●●
Geschmacksrichtung: ●●
Kalorien (pro Portion): 620
Proteine (pro Portion): 38
Lipide (pro Portion): 39
Nährwert: ●●●

1 Das Mehl mit einer Prise Salz, 3-4 Esslöffel Öl, einer Prise Cayennepfeffer und lauwarmem Wasser zu einem glatten Tropfteig verrühren (ca. 3 dl). Während der Teig ruht, die Scampi abbrausen, pulen und säubern (den Darmtrakt entfernen). Die Eiweiße zu Schnee schlagen und vorsichtig unter den Teig mischen.

2 Die Scampi in den Teig tauchen und etwa zehn Minuten darin belassen (sie sollen mit einem dicken Teigmantel umhüllt sein). Die Scampi in siedend heißem Öl frittieren. Sobald sie goldgelb sind, nach und nach herausheben und auf Küchenkrepp abtropfen lassen. Eine köstliche Vorspeise auf dem mit Zitronenspalten garnierten Salatbett.

GAMBAS EN SALSA GALLEGA

Scampi in pikanter Sauce ☛ *Galicien*

500 g Garnelen und Scampi
3-4 Knoblauchzehen
Paprikapulver
1 rote getrocknete Chilischote
Salz und weiße Pfefferkörner
Roter Weinessig
Olivenöl

Portionen: 6
Vorbereitungszeit: 15'
Kochzeit: 5'
Schwierigkeitsgrad: ●
Geschmacksrichtung: ●●●
Kalorien (pro Portion): 170
Proteine (pro Portion): 6
Lipide (pro Portion): 15
Nährwert: ●●●

Die Garnelen und Scampi in schwach gesalzenem Wasser fünf Minuten abkochen, abgießen, trockentupfen und auf einer Platte anrichten.
Die Knoblauchzehen abziehen, im Mörser zerstoßen und mit einem Teelöffel Paprikapulver, der zerriebenen Chilischote (ohne Kerne), einer Prise Salz, 2-3 Esslöffel Essig und genügend Öl (etwa ein Glas) zu einer Sauce verrühren, in die jeder Tischgast die aufgespießten Scampi eintunkt.
Vor dem Auftragen die Sauce mit frisch gemahlenem Pfeffer bestreuen. Eine einfache und schmackhafte Vorspeise, die mit trockenem Weißwein (Kellertemperatur) serviert wird.

MEJILLONES A LA MARINERA

Miesmuscheln auf Seemannsart ☛ *Kantabrien*

ca. 1 kg Miesmuscheln
3-4 Scheiben hausbackenes Brot
3-4 Knoblauchzehen
1 frische rote Chilischote
1 Sträußchen Petersilie
Trockener Weißwein
Olivenöl

Portionen: 6-8
Vorbereitungszeit: 15'
Kochzeit: 6-7'
Schwierigkeitsgrad: ●
Geschmacksrichtung: ●●
Kalorien (pro Portion): 376
Proteine (pro Portion): 12
Lipide (pro Portion): 17
Nährwert: ●●●

Das Brot im Backofen oder auf dem Grill rösten und in Streifen schneiden. Die Muscheln abkratzen, den "Bart" zwischen den Schalen abreißen und abbrausen. Den fein gehackten Knoblauch, einen Guss Öl und je ein Glas Wasser und Wein in eine breite Deckelpfanne geben und die Muscheln zufügen. Alles aufkochen lassen, die Pfanne zudecken, bis die Muscheln sich geöffnet haben. Die Petersilie und die Chilischote (ohne Kerne) fein hacken und mit dem Paniermehl vermischen. Die Muscheln mit den Kräuterbröseln bestreuen und ein oder zwei Minuten bei schwacher Hitze ziehen lassen. Die leeren Muschelschalen entfernen und die vollen Muschelhälften auf einer Platte anrichten. Dazu den filtrierten und in ein Krüglein umgefüllten Kochsud und die gerösteten Brotstreifen reichen.

1

2

PAPAS CON MOJOS

Kartoffeln mit grüner und roter Sauce ☛ *Kanarische Inseln*

Die Kartoffeln waschen, in Salzwasser nicht zu weich kochen, abgießen, pellen und in Scheiben schneiden. Jeder Tischgast tunkt die aufgespießten Scheiben nach Wunsch in die Sauce. Beide Tunken in Saucieren umfüllen und zu den Kartoffelscheiben reichen.

1 Die abgezogenen Knoblauchzehen und die Chilischote in einem Mörser zerstoßen (oder im Mixer zerkleinern) und in ein Schüsselchen umfüllen. Einen Teelöffel Paprikapulver, einen halben Teelöffel Kümmel, die Blättchen von einem Sträußchen Origano, 3-4 Esslöffel Öl, 3 Esslöffel Essig und soviel Wasser einrühren, bis eine einigermaßen dickflüssige Sauce entsteht.

2 Die abgezogenen Knoblauchzehen, die Chilischote und einen Teelöffel Koriandersamen im Mörser zerstoßen (oder im Mixer zerkleinern) und in ein Schüsselchen umfüllen. Die fein gehackte Petersilie, eine Teelöffelspitze Kümmel, die Blättchen von einem Sträußchen Origano, 3 Esslöffel Öl, 3 Esslöffel Essig und soviel Wasser einrühren, bis eine nicht zu flüssige Sauce entsteht.

10-12 (nicht zu kleine) neue Kartoffeln

Für den mojo colorado*:*
2-3 Knoblauchzehen
1 frische rote Chilischote
Paprikapulver
Kümmel
Frischer Origano
Essig
Salz und Pfeffer
Olivenöl

Für den mojo verde*:*
4 Knoblauchzehen
1 frische rote Chilischote
1 dickes Sträußchen Petersilie
Koriandersamen
Kümmel
Frischer Origano
Essig
Salz und Pfeffer
Olivenöl

Portionen: 6-8
Vorbereitungszeit: 20′
Kochzeit: 10′
Schwierigkeitsgrad: ●
Geschmacksrichtung: ●●
Kalorien (pro Portion): 274
Proteine (pro Portion): 1
Lipide (pro Portion): 25
Nährwert: ●●

PULPOS A LA GALLEGA

Tintenfisch mit Kartoffeln ☛ *Galicien*

1 kleiner bis mittelgroßer Tintenfisch (oder kleine Kraken), 500-600 g
2-3 Kartoffeln
Paprikapulver
Grobes Salz
Olivenöl

Portionen: 4-6
Vorbereitungszeit: 15′
Kochzeit: 40′+20′
Schwierigkeitsgrad: ●●
Geschmacksrichtung: ●●
Kalorien (pro Portion): 294
Proteine (pro Portion): 14
Lipide (pro Portion): 16
Nährwert: ●●●

Den Tintenfisch (oder die Kraken) säubern, den Sack umstülpen und die Innereien herausnehmen, den Schnabel und die Augen entfernen. Gut waschen und in einen Topf mit kaltem Salzwasser geben. Zudecken und zum Kochen bringen, dann die Flamme auf kleinste Stufe drehen und (je nachdem, ob es sich um einen Tintenfisch oder um mehrere kleine Kraken handelt) 30-40 Minuten köcheln lassen. Die Flamme ausdrehen und den Tintenfisch im Kochwasser erkalten lassen. In der Zwischenzeit die Kartoffeln nicht zu weich kochen, pellen, solange sie warm sind und in Würfel schneiden. Den Tintenfisch herausnehmen, gut abtropfen lassen, in gleichmäßige Portionsstücke schneiden und in einer Terrine unter die Kartoffelwürfel mischen. Mit einer Prise grobem Salz, einem Teelöffel Paprikapulver und Olivenöl nach Belieben anrichten und mit Raumtemperatur auf einem Holzbrett servieren.

QUESO FRITO

Frittierte Käsehäppchen ☛ *La Mancha*

500 g mittelalter *queso manchego*
2 Eier
40 g Mehl
50 g Paniermehl
Frittieröl

Portionen:	6-8
Vorbereitungszeit:	15′
Kochzeit:	10′
Schwierigkeitsgrad:	●
Geschmacksrichtung:	●
Kalorien (pro Portion):	589
Proteine (pro Portion):	21
Lipide (pro Portion):	48
Nährwert:	●●●

Den Käse in circa einen Zentimeter dicke Scheiben schneiden, die Rinde entfernen und in kleine gleichmäßige Dreiecke (oder Stäbchen) schneiden. Die Stücke zuerst in Mehl wenden, leicht abklopfen, damit das überschüssige Mehl abfällt, dann in dem verquirlten Ei ein paar Minuten quellen lassen und schließlich in Paniermehl wenden (die Panade soll leicht und gleichmäßig sein).
Die Käseecken in reichlich siedendem Öl kurz goldgelb ausbacken (der Käse darf nicht schmelzen), auf Küchenpapier abtropfen lassen und heiß servieren.

TORTILLITAS DE CAMARONES A LA GADITANA

Garnelenküchlein ☛ *Andalusien*

1 Die Zwiebel häuten und zusammen mit der Chilischote fein hacken. Die Petersilie hacken und alles zusammen in einer Schüssel mit den gewaschenen, abgetrockneten und zerkleinerten Garnelen mischen.

2 Das Mehl, ein halbes Glas Wein, die Bierhefe und soviel kaltes Wasser (knapp 4 dl) dazugeben und mit den Rührstäben eines Mixers verrühren, dass ein recht dickflüssiger Teig entsteht, der 2-3 Stunden an einem kühlen Ort ruhen soll.

3 Den Teig löffelweise aus der Schüssel nehmen und die *tortillitas* in einer Pfanne mit siedend heißem Öl ausbacken; ab und zu wenden, damit sie gleichmäßig goldgelb werden.

4 Die fertigen *tortillitas* gut abtropfen lassen, auf Küchenpapier legen und leicht mit Salz bestreuen. Ganz heiß auftragen.

Der überwältigende Komplex der Mezquita-Catedral de Córdoba in Andalusien. Die von den Arabern im Jahre 786 erbaute Moschee wurde im 13. Jahrhundert, nach der "Reconquista", katholische Kirche, die 1523 dann zur Kathedrale erhoben wurde.

200 g gepulte Garnelen
1 Zwiebel (mittelgroß)
250 g Mehl
15 g Bierhefe
1 Chilischote
Weißwein
1 Sträußchen Petersilie
Salz
Frittieröl

Portionen: 4
Vorbereitungszeit: 15′+3h
Kochzeit: 15′
Schwierigkeitsgrad: ●●
Geschmacksrichtung: ●●
Kalorien (pro Portion): 557
Proteine (pro Portion): 14
Lipide (pro Portion): 26
Nährwert: ●●●

VIEIRAS A LA GALLEGA

Gratinierte Jakobsmuscheln ☛ *Galicien*

12 Jakobsmuscheln
1 Zwiebel
1 Knoblauchzehe
Paprikapulver
25 g Paniermehl
2 Zitronen
1 Sträußchen Petersilie
Schnaps (Aquavit)
Trockener Weißwein
Salz und Pfeffer
Olivenöl

Portionen: 6
Vorbereitungszeit: 15′
Kochzeit: 6-7′
Schwierigkeitsgrad: ●
Geschmacksrichtung: ●●
Kalorien (pro Portion): 373
Proteine (pro Portion): 6
Lipide (pro Portion): 16
Nährwert: ●●●

1 Zum Aufbrechen der Jakobsmuscheln genügt es, wenn man mit der Messerspitze die beiden Schalenhälften anhebt. Die Mollusken gut abbrausen, herauslösen, den Magen (schwarz), die Fransen (braun) entfernen und das weißliche Fleisch ("Nuss") von dem korallenfarbenen Rogen trennen. Die tiefere Muschelhälfte aufbewahren, weil hier die "Nuss" wieder eingelegt wird.

2 Die Zwiebel und den Knoblauch hacken und in 3-4 Esslöffel Öl in der Pfanne andünsten. Die "Korallen" fein hacken, mit einem Teelöffel Paprikapulver verrühren und durchziehen lassen. Ein halbes Glas Wein zugießen, teilweise verdunsten lassen, dann ein Gläschen Aquavit zugeben und salzen. Die Sauce kurz (ca. 2 Minuten) eindicken lassen und auf den inzwischen wieder in die Muschelschale gelegten "Nüssen" verteilen. Das Paniermehl mit der gehackten Petersilie vermischen und damit die Muscheln bestreuen, mit etwas Öl beträufeln und im Backofen grillen, bis das Paniermehl gratiniert ist. Mit Zitronenspalten garnieren und sofort servieren.

1

2

SUPPEN, NUDELN UND REIS

*Einfachheit und Phantasie -
zwei Attribute,
die das Wesentliche
der spanischen Küche
mit ihrer ungemein vielseitigen
und reichhaltigen
Auswahl kennzeichnen:
von caldo gallego,
einer deftigen Mahlzeit
aus dem Norden, zu gazpacho,
der erfrischenden nahrhaften
Gemüsesuppe für
das heiße Klima.
Nicht zu vergessen
die Nudelgerichte,
die es mit den Meisterwerken
der erfahrensten italienischen
Hausfrauen aufnehmen können.*

2

ARROS AMB CROSTA

Reisauflauf ☛ *Levante*

500 g Auflaufreis
6 Eier
120 g *butifarra* (siehe unten)
150 g Fleischreste (helles oder dunkles Fleisch, gekocht)
100 g mageres Schweinefleisch
2 reife Tomaten
100 g Kichererbsen (gekocht)
1,5 l Hühner- oder Gemüsebrühe (mit Brühwürfel oder Granulat)
Safran
Salz und Pfeffer
Olivenöl

Portionen: 6
Vorbereitungszeit: 15'
Kochzeit: 40'
Schwierigkeitsgrad: ●●
Geschmacksrichtung: ●●
Kalorien (pro Portion): 739
Proteine (pro Portion): 31
Lipide (pro Portion): 33
Nährwert: ●●●

1 Die *butifarra* in Scheiben schneiden und in einem (feuerfesten) Terrakottatopf mit 5-6 Esslöffel Öl unter ständigem Wenden von beiden Seiten anrösten. Die Wurstscheiben mit einem Pfannenheber herausnehmen, das Öl abtropfen lassen und warm stellen. Die gewaschenen und klein geschnittenen Tomaten zusammen mit dem gewürfelten Schweinefleisch in dem restlichen Öl andünsten. Nach 4-5 Minuten den Reis zugeben und die warme Brühe darübergießen. Mit Salz und Pfeffer würzen, ein Tütchen Safran zufügen und umrühren.

2 Alles aufkochen lassen, die Flamme auf die kleinste Stufe herunterdrehen und die geröstete *butifarra*, die Fleischreste und die Kichererbsen hineingeben. Das Gericht sacht kochen lassen - ab und zu umrühren - bis der Reis (nach etwa einer Viertelstunde) gar, aber noch kernig ist. Die Kasserolle vom Herd nehmen und den Reis glatt streichen. Die Eier mit einer Prise Salz verquirlen und über den Reis geben. Die Kasserolle in den Backofen schieben und das Reisgericht bei 200° gratinieren.

Butifarra ist eine typische Wurst aus Katalonien und der Levante, die man aber heute in ganz Spanien bekommt. Mit butifarra blanca bezeichnet man eine rundliche feste Wurst aus Schweinemett (Lende und Bauchspeck) und - manchmal - Zwiebel, die mit Knoblauch, Zimt, Nelke und Wein gewürzt ist. Sie eignet sich besonders als Pfannengericht oder als Grillwurst. Die weniger bekannte butifarra negra ist eine mit gemahlenen Minzeblättern gewürzte Blutwurst.

ARROZ A LA ZAMORANA

Reis mit Fleisch und Gemüse

☛ *Kastilien und León*

1

2

300 g Suppenreis
1 Schweinsfuß und ein Stück Backe (oder ein Schweineöhrchen)
100 g roher Schinken (am Stück)
100 g Bauchspeck
1 Zwiebel
4 Knoblauchzehen
2 Rettiche
1 Gewürzsträußchen (Lorbeer, Origano, Petersilie und Thymian)
Salz und Pfeffer
40 g Schmalz

Portionen: 4-6
Vorbereitungszeit: 20'
Kochzeit: 2h 20'
Schwierigkeitsgrad: ●●
Geschmacksrichtung: ●●
Kalorien (pro Portion): 603
Proteine (pro Portion): 18
Lipide (pro Portion): 35
Nährwert: ●●●

1 Den Schweinsfuß abflammen, um eventuelle Borsten zu entfernen, waschen, der Länge nach so durchhacken, dass die beiden Hälften noch zusammenhängen, und zusammen mit der gesäuberten Schweinebacke und dem Gewürzsträußchen in eine Kasserolle geben, salzen und pfeffern und mit eineinhalb Liter Wasser übergießen. Den Topf zudecken, langsam zum Kochen bringen und anschließend zwei Stunden sacht köcheln lassen. Dann den Schweinsfuß herausnehmen (die Brühe filtrieren und warm stellen), vom Knochen lösen und Fleisch, Fett und Schwarte klein schneiden. In der Zwischenzeit das Gemüse putzen und zurichten, und die Rüben sorgfältig schälen. Die Zwiebel mit dem Knoblauch ganz fein hacken und mit einem Stich Schmalz in einer Kasserolle (möglichst aus Terrakotta) anrösten. Die Rüben und den klein gewürfelten Schinken zugeben.

2 Nach zwei Minuten den zerkleinerten Schweinsfuß und den Reis hinzufügen. Alles auf starker Flamme durchkochen, dann die filtrierte Brühe zugießen und mit Salz und Pfeffer abschmecken. Bei mittlerer Hitze ca. zehn Minuten kochen lassen. Die Kasserolle von der Herdstelle nehmen und das Gewürzsträußchen herausnehmen. Den Reis mit Speckstreifen belegen und das Gericht 4-5 Minuten in den Backofengrill geben.

ARROS NEGRE AMB ALL I OLI

Sepienreis mit Knoblauchsauce ☛ *Katalonien*

1

2

1 Die Muscheln abkratzen, den "Bart" entfernen, waschen und in einen breiten Topf geben, zudecken, einen Guss Wasser zugeben und auf starker Flamme aufgehen lassen. Die Muscheln von der Herdstelle nehmen, aus den Schalen lösen und beiseite stellen. Die Schalen wegwerfen und das Muschelwasser aufheben.

3

2 Die Kalmare (oder Sepien) säubern, ausnehmen (4-5 Tintenbeutel aufheben) und gründlich abbrausen. Kleine Tiere ganz lassen, andernfalls in Stücke schneiden und die Tentakeln vom Rumpf trennen. Das Gemüse putzen und kochfertig machen.
Die gehackte Zwiebel mit dem klein geschnittenen Paprika in 5-6 Esslöffel Öl in einer Kasserolle (vorzugsweise aus Terrakotta) andünsten. Die Kalmare zugeben und bei mittlerer Hitze 3-4 Minuten anbraten.

3 Die gewaschenen Kirschtomaten hinzufügen. Nach 4-5 Minuten mit dem filtrierten Muschelwasser bedecken, die Flamme auf kleinste Stufe herunterdrehen und etwa zwanzig Minuten eindicken lassen. Den Reis und etwa einen halben Liter warmes Wasser zugeben, mit Salz abschmecken und die ganze Chilischote zufügen. Den Reis unter ständigem Umrühren sacht garen lassen und bei Bedarf ab und zu Wasser nachgießen.

Die ungemein bizarr wirkende Casa Milá, die auch "La Pedrera" genannt wird, befindet sich am Passeig de Gracia in Barcelona und ist das Werk des genialen Künstlers Antoni Gaudí.

- 250 g Reis für Risotto
- ca. 500 g Pfeilkalmare oder kleine Sepien
- 500 Miesmuscheln
- 100 g Shrimps
- 1 Zwiebel
- 1 grüne Paprikaschote
- 150 g Kirschtomaten
- 3 Knoblauchzehen
- 1 frische rote Chilischote
- Trockener Weißwein
- Salz
- Olivenöl

Portionen: 4
Vorbereitungszeit: 25′
Kochzeit: 1h ca.
Schwierigkeitsgrad: ●●●
Geschmacksrichtung: ●●
Kalorien (pro Portion): 538
Proteine (pro Portion): 31
Lipide (pro Portion): 14
Nährwert: ●●

4 In der Zwischenzeit die Tunke zubereiten. Hierfür die abgezogenen Knoblauchzehen mit einer Prise Salz im Mörser zerstoßen, in eine Schüssel geben und ein Glas Öl einrühren. Die Tintenflüssigkeit mit einem halben Glas Wein vermischen und nach viertelstündiger Garzeit unter Umrühren über den Reis gießen. Nach etwa 5 Minuten den kernig gekochten Reis von der Herdstelle nehmen und einen Esslöffel von der Tunke darüber geben, dann das herausgelöste Muschelfleisch und die Shrimps vorsichtig unter den Reis heben. Die restliche Sauce in ein Schüsselchen füllen und separat zum Reis reichen.

4

SOPA AL CUARTO DE HORA

Reissuppe ☛ *Madrid*

150 g Reis
1 kg Venusmuscheln
600 g Scampi
100 g roher Schinken
(am Stück)
100 g Erbsen
2 Eier
1 Zwiebel
1 Tomate
Safran
Petersilie
Salz und Pfeffer
Olivenöl

Portionen: 4-6
Vorbereitungszeit: 25′
Kochzeit: 15′+15′
Schwierigkeitsgrad: ●●
Geschmacksrichtung: ●●
Kalorien (pro Portion): 589
Proteine (pro Portion): 40
Lipide (pro Portion): 31
Nährwert: ●●●

1 Die Venusmuscheln mit einem Guss Wasser in eine Deckelpfanne geben, zudecken, aufsetzen und die Muscheln auf kleiner Flamme aufgehen lassen. 2/3 der Muscheln herauslösen (die restlichen zum Garnieren aufheben), warm stellen und das Muschelwasser filtrieren. Die Scampi in Salzwasser 5-6 Minuten abbrühen, abgießen und pulen (den Darmtrakt entfernen). Das Kochwasser filtrieren, zu dem Muschelwasser geben und ebenfalls aufheben. Die Eier hart kochen (7 Minuten) und pellen.

2 Die Zwiebel häuten und in einer Kasserolle (vorzugsweise aus Terrakotta) mit 5-6 Esslöffel Öl andünsten. Die gewaschene und zerkleinerte Tomate (Kerne entfernen) und den gewürfelten Schinken zugeben, ein paar Minuten durchziehen lassen und dann den Reis und die Erbsen zufügen. In dem Kochwasser der Scampi und der Venusmuscheln (gegebenenfalls mit ein wenig warmem Wasser verdünnen, sodass sich ungefähr 1,5 l ergibt) ein Tütchen Safran auflösen und den Reis mit der Flüssigkeit bedecken. Aufkochen lassen, die Flamme auf kleinste Stufe drehen, die Muscheln und Scampi zufügen, mit Salz und Pfeffer abschmecken und etwa 5 Minuten durchziehen lassen. Die *sopa* vor dem Servieren mit hartgekochten gehackten Eiern und gehackter Petersilie bestreuen und mit geöffneten Muscheln garnieren.

1

2

1

2

CALDO GALLEGO

Bohneneintopf mit Gemüse und Fleisch ☛ *Galicien*

250 g getrocknete weiße Bohnen (die breite Spagna-Sorte)
300 g gepökelte Schweinerippchen
200 g mageres Schweinefleisch
250 g Broccoli
2-3 Kartoffeln
1 Knoblauchzehe
Paprikapulver
Salz und Pfeffer
40 g Schmalz

Portionen:	**4**
Vorbereitungszeit:	**20'+4-5h**
Kochzeit:	**1h 30'**
Schwierigkeitsgrad:	**●●**
Geschmacksrichtung:	**●●**
Kalorien (pro Portion):	**553**
Proteine (pro Portion):	**39**
Lipide (pro Portion):	**18**
Nährwert:	**●●●**

1 Die Bohnen 4-5 Stunden vorher in kaltem Wasser einweichen. Gleichzeitig die Rippchen in lauwarmes Wasser legen (anstatt gepökelter Rippchen kann man auch frische verwenden; in diesem Fall natürlich nicht wässern). Die abgetropften Bohnen und die Rippchen in eine Kasserolle (möglichst aus Terrakotta) geben, das magere Schweinefleisch zufügen und alles mit Wasser bedecken. Aufkochen lassen und den Schaum von der Brühe abheben. Das Schmalz zugeben, den Topf wieder zudecken, die Flamme auf kleinste Stufe stellen und ungefähr eine gute Stunde köcheln lassen.

2 In der Zwischenzeit die Broccoli putzen, die Kartoffeln schälen und in Stücke schneiden und mit der abgezogenen Knoblauchzehe in die Kasserolle geben. Einen Teelöffel Paprikapulver darüberstreuen und das Gericht zugedeckt noch mindestens eine halbe Stunde sacht garen lassen. In den letzten 10 Minuten den Deckel abnehmen, damit die Flüssigkeit eindickt (man kann zum Schluss den *caldo* auch eindicken, indem man einen Kochlöffel Kartoffeln und Bohnen im Mixer püriert und wieder in die Kasserolle gibt). Nach Belieben die Rippchen vom Knochen lösen und den Eintopf nicht zu heiß auftragen.

FIDEOS A LA CATALANA

Spaghetti mit pikanter Wurst ☛ *Katalonien*

300 g *fideos* (dünne Spaghetti)
200 g Schweinerippchen
1 Paprikawurst
100 g *butifarra* (vgl. S. 22)
1 Zwiebel
2 reife Tomaten
1 Knoblauchzehe
Zimt und Paprikapulver
1 Sträußchen Petersilie
je 1 Esslöffel Haselnüsse, Mandeln und Pinienkerne (entkernt und abgezogen)
1,5 l (fertige) Hühnerbrühe
Safran
Paniermehl
Hartkäse zum Reiben (nach Belieben)
30 g Schmalz

Portionen: 4
Vorbereitungszeit: 20'
Kochzeit: 30'
Schwierigkeitsgrad: ●●
Geschmacksrichtung: ●●
Kalorien (pro Portion): 762
Proteine (pro Portion): 33
Lipide (pro Portion): 36
Nährwert: ●●●

Die Rippchen in Stücke hacken und in dem zerlassenen Schmalz in einer Kasserolle (wenn möglich, aus Terrakotta) anbraten. Sobald sie goldbraun sind, die fein gehackte Zwiebel zugeben und darin glasig andünsten. Die gewaschenen und entkernten Tomatenstücke und eine Teelöffelspitze Paprikapulver zufügen und 4-5 Minuten ziehen lassen. Die zerkleinerte Wurst, die in Scheibchen geschnittene *butifarra* und die Brühe hineingeben. Alles aufkochen lassen und die Nudeln zufügen, dann die Flamme auf kleinste Stufe stellen. Die Haselnüsse, Mandeln und Pinienkerne mit dem Knoblauch, einem Tütchen Safran, einer Messerspitze Zimt, der Petersilie und zwei Esslöffel Paniermehl im Mörser zerstoßen (oder im Mixer pürieren). Die Paste mit ein wenig Brühe verlängern und in den kochenden Eintopf geben. Die Kasserolle von der Herdstelle nehmen, sobald die Nudeln bissfest sind, das köstliche Gericht auftragen. Nach Belieben mit blättrig geriebenem Hartkäse bestreuen.

GAZPACHO

Kalte Gemüsesuppe ☛ *Andalusien*

1

2

- 6 reife Tomaten
- 1 Gurke
- 1 Paprikaschote
- 2 Frühlingszwiebeln
- 2-3 Knoblauchzehen
- 4-6 Scheiben Brot und Brotkrume von einer Scheibe
- Roter Weinessig
- Salz
- Olivenöl

Portionen: 4
Vorbereitungszeit: 20′+2h
Schwierigkeitsgrad: ●
Geschmacksrichtung: ●●
Kalorien (pro Portion): 327
Proteine (pro Portion): 8
Lipide (pro Portion): 4
Nährwert: ●

1 Alles Gemüse sorgfältig putzen. Die Gurken schälen und kleinschneiden; die Tomaten zurichten und in kleine Würfel schneiden; die Zwiebeln in Streifen schneiden; von der Paprikaschote Kerne und Rippen entfernen und klein schneiden. Alles in eine Schüssel füllen, die zerdrückten Knoblauchzehen und die fein zerriebene Brotkrume zugeben. Mit je einem Esslöffel rotem Weinessig, Olivenöl und einer Prise Salz anrichten und sorgfältig umrühren.

2 Den Inhalt der Schüssel (auch portionsweise) in einen Mixer geben und auf niedriger Stufe pürieren, bis eine dickflüssige Suppe entsteht. Noch einmal mit Salz abschmecken und vor dem Servieren zwei Stunden im Kühlschrank kalt werden lassen. Die *Gazpacho* nach Belieben garnieren und mit gerösteten Brotwürfeln und -streifchen auftragen. Wer diese erfrischende Gemüsesuppe pikant mag, kann vor dem Mixen eine Prise Paprikapulver zugeben.

Einer maßgeblichen Meinung zufolge soll die Majonnaise, auf die die französische Gastronomie so stolz ist, iberischen Ursprungs sein. Für dieses Rezept werden 2 Eidotter, eine Prise Salz, 2 Glas Öl und der Saft einer Zitrone (oder 2-3 Esslöffel Essig) benötigt. Die Eidotter in eine Schüssel geben und das Öl mit einem kleinen Schneebesen tropfenweise einrühren (Rührbewegung stets in der gleichen Richtung), bis eine dicke Sauce entsteht. Zum Schluss den Zitronensaft oder den Essig zufügen.

GAZPACHUELO

Steinbutt in Majonnaise ☛ *Andalusien*

ca. 600 g Steinbutt
500 g Kartoffeln
300 g Majonnaise
1 Selleriestange
1 Lorbeerblatt
1 Sträußchen Petersilie
Roter Weinessig
Salz

Portionen: 4
Vorbereitungszeit: 25′
Kochzeit: 35′
Schwierigkeitsgrad: ●●
Geschmacksrichtung: ●●
Kalorien (pro Portion): 798
Proteine (pro Portion): 28
Lipide (pro Portion): 62
Nährwert: ●●●

Den Steinbutt säubern und ausnehmen, enthäuten und filetieren. Kopf, Schwanz, Rückgrat und Flossen in einen Topf geben, mit knapp einem Liter kaltem Wasser bedecken und die geputzte Selleriestange, ein Sträußchen Petersilie, ein Lorbeerblatt und eine Prise Salz zufügen. Alles aufkochen lassen, zudecken, die Flamme auf kleinste Stufe stellen und 15 Minuten köcheln lassen. Inzwischen die Kartoffeln schälen, waschen, trockentupfen und in Würfel schneiden. Das Fischwasser durchsieben und mit den Kartoffeln in den Topf geben, wieder aufkochen lassen und die Kartoffeln ca. 15 Minuten darin garen. Dann die in Rechtecke geschnittenen Steinbuttfilets zufügen und weitere 5 Minuten kochen lassen. Mit dem Schaumlöffel den Fisch und die Kartoffeln herausnehmen und in eine Terrine umfüllen. Die Brühe lauwarm abkühlen lassen und in eine Terrine gießen, die Majonnaise vorsichtig darunterheben und die fertige Sauce über den Fisch und die Kartoffeln geben. 2 Esslöffel Essig zufügen, noch einmal umrühren und servieren.

Greixera de macarrones

Nudelauflauf ☛ *Balearen*

1 Die Eier 7 Minuten hart kochen, abschrecken und pellen. Die Rohrnudeln in ca. 2,5 Liter Salzwasser fast gar kochen, abgießen und in eine Pfanne geben. Die Milch darüber gießen und sacht aufkochen lassen, die Flamme auf kleinste Stufe stellen und die Nudeln unter Umrühren gar kochen.

2 Ganz zum Schluss den geriebenen Käse und eine Prise Zimtpulver zufügen, mit Salz abschmecken und noch einmal umrühren. Die Rohrnudeln in eine ausgebutterte feuerfeste Form geben, die Eierscheiben darauf verteilen, ein paar Butterflöckchen aufsetzen und alles mit Zimt bestreuen. Das Gericht 4-5 Minuten im Backofengrill gratinieren und sofort servieren.

350 g gerillte Rohrnudeln
4 Eier
2,5 dl Milch
Mahón-Hartkäse
(oder *manchego*; alternativ auch Parmesan)
Zimtpulver
Salz
80 g Butter

Portionen: 4
Vorbereitungszeit: 15′
Kochzeit: 35′
Schwierigkeitsgrad: ●●
Geschmacksrichtung: ●●
Kalorien (pro Portion): 626
Proteine (pro Portion): 25
Lipide (pro Portion): 34
Nährwert: ●●●

1

2

SOPA DE AJO

Knoblauchsuppe ☛ *Estremadura*

5-6 Scheiben hausbackenes Brot vom Vortag
1 Knoblauchknolle
Paprikapulver
1,5 l Hühnerbrühe
4 Eidotter oder geriebener Käse (nach Belieben)
Salz und Pfeffer
Olivenöl

Portionen: 4
Vorbereitungszeit: 20′
Kochzeit: 35′
Schwierigkeitsgrad: ●●
Geschmacksrichtung: ●●●
Kalorien (pro Portion): 507
Proteine (pro Portion): 20
Lipide (pro Portion): 26
Nährwert: ●●

Das Brot in Würfel schneiden und in einer Kasserolle mit 4-5 Esslöffel Öl goldgelb rösten. Nach 2-3 Minuten die abgezogenen und zerkleinerten Knoblauchzehen, das Paprikapulver und die Brühe hinzufügen. Salzen und pfeffern, den Topf zudecken und ungefähr zwanzig Minuten kochen lassen. Inzwischen den Backofen auf 200° erhitzen. Die *sopa* in vier kleine feuerfeste Terrinen füllen und etwa zehn Minuten in den Backofen geben. Sofort heiß servieren. Je nach Geschmack kann man das köstliche Gericht dick mit Reibkäse bestreuen und vor dem Gratinieren in jede Terrine ein Eigelb legen.

SOPA DE COL MALLORQUINA

Kohlsuppe ☛ *Balearen*

1 Kohlkopf
4-5 Scheiben (400 g) Mehrkornbrot
2 Zwiebeln
2 Tomaten
3-4 Knoblauchzehen
2 grüne frische Paptrikaschoten
ca. 1 l Gemüsebrühe (mit Brühwürfel)
Paprikapulver
1 Strauß Petersilie
Salz und Pfeffer
Olivenöl

Portionen: 4-6
Vorbereitungszeit: 20'
Kochzeit: 25'
Schwierigkeitsgrad: ●●●
Geschmacksrichtung: ●●
Kalorien (pro Portion): 456
Proteine (pro Portion): 13
Lipide (pro Portion): 14
Nährwert: ●●

1 Das Gemüse putzen und kochfertig machen. Das Brot in fingerbreite Streifen schneiden und in einer Terrakotta-Kasserolle mit 7-8 Esslöffel Öl goldgelb rösten. Herausnehmen, abtropfen lassen und beiseite stellen. In dem verbliebenen Öl die gehackte Zwiebel glasig dünsten. Nach 3-4 Minuten den gehackten Knoblauch und die zerkleinerten Tomaten und Paprika und den in Streifen geschnittenen Kohl hinzufügen. Die Flamme hochdrehen, das Gemüse bei starker Hitze unter Umrühren 3-4 Minuten andünsten.

2 Die gehackte Petersilie, einen Teelöffel Paprikapulver, Salz und Pfeffer hinzugeben. Mit der Brühe übergießen, nochmals aufkochen lassen, die Flamme herunterdrehen, den Topf zudecken und die Kohlsuppe etwa zehn Minuten köcheln lassen. Die Suppe lauwarm abkühlen lassen, mit gehackter Petersilie bestreuen und auftragen. Sie schmeckt hervorragend auch am nächsten Tag.

PUCHERO CANARIO

Bohnensuppe mit Getreidemehl ☛ *Kanarische Inseln*

250 g getrocknete Bohnen
500 g Schweinerücken (ausgebeint)
150 g Speck (oder Bauchspeck)
1 Zwiebel
2-3 Knoblauchzehen
2-3 mittelgroße Kartoffeln
2 Maiskolben
1 Bund Mangold
2 reife Tomaten
1 Zucchino
1 Bund Kresse
Gofio (s. Text im Bild)
Korianderblättchen und Petersilie
Salz und Pfeffer
Olivenöl

Portionen: 4
Vorbereitungszeit: 25'+4-5h
Kochzeit: 1h 30'
Schwierigkeitsgrad: ●●●
Geschmacksrichtung: ●●
Kalorien (pro Portion): 1171
Proteine (pro Portion): 47
Lipide (pro Portion): 65
Nährwert: ●●●

1 Die Bohnen 4-5 Stunden vorher einweichen. Dann den Schweinerücken und den Speck zusammen mit den Bohnen in einen großen Topf geben und mit kaltem Wasser bedecken. Alles aufkochen lassen, die Flamme herunterdrehen und eine halbe Stunde sacht kochen lassen. Das Gemüse - Mangold, Kresse und Zucchino - waschen, putzen, kleinschneiden und in den Topf geben. Mit Salz und Pfeffer abschmecken.

2 Die Maiskolben abbrausen, die Körner ablösen und zusammen mit den geschälten und gewürfelten Kartoffeln in die kochende Suppe geben. Den Topf zudecken und alles zu Ende garen lassen (ca. eine halbe Stunde). Dann das Fleisch herausheben, mit dem Gemüse auf einer Platte anrichten und warm stellen. Die Kochbrühe filtrieren.

3 Die gehackte Zwiebel in einer Kasserolle (möglichst aus Terrakotta) mit 3-4 Esslöffel Öl glasig dünsten, den Knoblauch und die gewaschenen, entkernten und kleingeschnitten Tomaten darin weich werden lassen, bis sie vollkommen zerkocht sind.

4 Dann 3-4 Esslöffel *gofio* einrühren, die filtrierte Brühe darüber gießen und das Gericht 5-6 Minuten durchziehen lassen, bis die Flüssigkeit wieder zum Kochen kommt. Die Flamme ausschalten und die mit Korianderblättchen und Petersilie garnierte Suppe sofort auftragen. Das Fleisch mit dem Gemüse als Hauptgang servieren.

Ein vertrautes Bild: eine Windmühle in Tiagua im Herzen von Lanzarote (Kanarische Inseln).

Gofio ist ein für die Kanaren typisches Mehl aus gerösteten Körnern (Mais, Weizen, Gerste usw.), das man aber auch auf dem Kontinent findet, vor allem in Bioläden oder Reformhäusern. Als Alternative kann man auch in der heißen Pfanne (ohne Fett) geröstetes Maismehl verwenden.

1
2
3
4

SOPA DE MEJILLONES

Muschelsuppe ☛ *Katalonien*

1 kg Miesmuscheln
1 Zwiebel
3-4 reife Tomaten
3 Knoblauchzehen
1 Bund Petersilie
Zimtpulver
Anislikör oder Aquavit
Geröstete Brotscheiben
(als Beilage)
Salz und Pfeffer
Olivenöl

Portionen: 4
Vorbereitungszeit: 30′
Kochzeit: 30′
Schwierigkeitsgrad: ●●●
Geschmacksrichtung: ●●
Kalorien (pro Portion): 435
Proteine (pro Portion): 16
Lipide (pro Portion): 12
Nährwert: ●●

Die Muscheln abkratzen, den "Bart" abreißen, waschen und mit wenig Wasser im geschlossenen Topf bei starker Hitze aufgehen lassen. Dann sofort von der Herdstelle nehmen und das Muschelwasser aufheben. Die Muscheln herauslösen und die Schalen wegwerfen. Die Zwiebel in Streifen schneiden und in 3-4 Esslöffel Öl in einer Terrakotta-Kasserolle glasig dünsten. Die gewaschenen, entkernten und zerkleinerten Tomaten hinzufügen und eine Viertelstunde dünsten, bis sie unter ständigem Umrühren zerkocht sind. Die abgezogenen und zerdrückten Knoblauchzehen, die gehackte Petersilie, eine Prise Salz und Pfeffer sowie eine Teelöffelspitze Zimtpulver und ein Gläschen Likör hinzugeben. Zum Schluss mit dem filtrierten Muschelwasser übergießen, zum Kochen bringen und unter Umrühren kurz eindicken lassen. Die Flamme auf die kleinste Stufe stellen und die Muscheln hineingeben. Nach 4-5 Minuten die Herdstelle ausschalten. Die Suppe mit gehackter Petersilie bestreuen und geröstete Brotscheiben dazu reichen.

FLEISCH, GEFLÜGEL UND WILD

Was mögen Sie am liebsten?
Braten aus der Röhre,
Schmorbraten, knusprige Pasteten,
einen rustikalen Kaninchentopf
mit aromatischen Kräutern oder
ein edles Wildragout? Duft, Würze,
Bilder und Farben,
die wie Kompositionen
von Arcimboldo anmuten,
das gastronomische Konterfei Spaniens,
Porträt einer erlesenen Kochkunst.

3

ASADO DE CERDO A LA CATALANA

Schweinebraten ☛ *Katalonien*

1 kg Schweinerücken, ausgebeint
1 Zwiebel
1 Selleriestange
3 Knoblauchzehen
Zimt
2 Gewürznelken
Lorbeer, Origano, Petersilie, Thymian
Trockener Sherry
Salz und frisch gemahlener Pfeffer
25 g Schmalz

Portionen: 4
Vorbereitungszeit: 15' +1h
Kochzeit: 1h 40'
Schwierigkeitsgrad: ●●
Geschmacksrichtung: ●●
Kalorien (pro Portion): 333
Proteine (pro Portion): 33
Lipide (pro Portion): 14
Nährwert: ●●

Den Schweinerücken mit Küchengarn zubinden, damit das Fleisch saftig bleibt. Die Knoblauchzehen zerstoßen und mit der Paste das Fleisch von allen Seiten einreiben, eine Stunde ruhen lassen und dann in einen Bräter (Terrakotta) in dem zerlassenen Schmalz rundum knusprig anbraten. Die gehackte Zwiebel, den in Stücke geschnittenen Sellerie, zwei Lorbeerblätter, die Gewürznelken und je einen Stengel Thymian, Origano und Petersilie zufügen und den Braten reichlich mit gemahlenem Pfeffer bestreuen. Den Bräter 5 Minuten bei 220 °C in den Backofen schieben, dann die Hitze auf 180 °C reduzieren, den Schweinebraten mit einem Glas Wein begießen und etwa eineinhalb Stunden garen lassen. Das Fleisch ab und zu mit Bratensaft oder ein paar Esslöffel warmem Wasser begießen und den Sud eventuell nachsalzen. Den fertigen Braten aus der Röhre nehmen, in Scheiben schneiden und auf einer Platte anrichten. Den Bratenfond ein wenig verdünnen und in einer Sauciere zum Fleisch reichen. Ideale Beilagen: Kartoffeln, Spinat oder ein anderes Grüngemüse.

4 Schweinekoteletts mit Knochen (insgesamt 1 kg)
3-4 Knoblauchzehen
Lorbeer, Petersilie und Thymian
Paprikapulver
Rotwein
Spinat oder Mangold mit Salatdressing
Salz und Pfeffer
Olivenöl

CHULETAS DE CERDO

Marinierte Schweinekoteletts ☛ *Madrid*

Aus Knoblauch, dem zerpflückten Lorbeerblatt, Petersilie und Thymian, einem halben Teelöffel Paprikapulver, einer Prise Salz und Pfeffer, einem halben Glas Wein und 3-4 Esslöffel Öl eine Marinade bereiten und die Koteletts nebeneinander hineinlegen. Das Fleisch ab und zu wenden und zwei Stunden lang marinieren. Dann die Koteletts in eine feuerfeste Form geben und bei 180 °C im Backofen garen. Darauf achten, dass sie nicht übereinander liegen, und ab und zu mit der Marinade begießen. Dazu mit Öl und Zitrone angerichteten Spinat oder Mangold reichen.

Portionen: 4
Vorbereitungszeit: 10′+2h
Kochzeit: 30′
Schwierigkeitsgrad: ●
Geschmacksrichtung: ●●●
Kalorien (pro Portion): 460
Proteine (pro Portion): 40
Lipide (pro Portion): 22
Nährwert: ●●

EMPANADA GALLEGA

Schweinelendepastete ☛ *Galicien*

300 g magere Schweinelende
2 Eier und 1 Eigelb
1 grüne Paprikaschote
2 Zwiebeln
2 Knoblauchzehen
2-3 reife Tomaten
Lorbeer, Origano und Petersilie
2 frische rote Chilischoten
Paprikapulver
Rotwein
Salz und Pfeffer
Olivenöl

Für den Teig:
300 g Mehl
(und Mehl zum Ausrollen)
100 g Maismehl
1 Ei
100 g Schmalz

Portionen: 4
Vorbereitungszeit: 35′+2h
Kochzeit: 50′
Schwierigkeitsgrad: ●●●
Geschmacksrichtung: ●●●
Kalorien (pro Portion): 999
Proteine (pro Portion): 35
Lipide (pro Portion): 52
Nährwert: ●●●

1 Das Fleisch in kleine Stücke schneiden und mit (1 Teelöffel) Paprikapulver bestreuen. Aus einer abgezogenen und gehackten Knoblauchzehe, einem Lorbeerblatt, einer Prise Origano, Salz, Pfeffer, einem Glas Rotwein und einem Guss Öl eine Marinade bereiten und die Lendenstückchen zwei Stunden einlegen. Ab und zu wenden.

1

2 Die beiden Mehlsorten in eine breite Schüssel geben und mit dem Schmalz, dem Ei und einer Prise Salz zu einem Teig verkneten, entweder von Hand oder mit dem Rührgerät. Nach Bedarf ein wenig Wasser zufügen. Den glatten, festen Teig eine Stunde ruhen lassen.

2

3 In der Zwischenzeit das Gemüse putzen und waschen. Die Eier 7 Minuten hart kochen, abschrecken und noch warm pellen. Die Fleischstückchen aus der Marinade nehmen (die Flüssigkeit aufheben) und mit 4-5 Esslöffel Öl in einer Deckelpfanne goldgelb anbraten. Mit dem Schaumlöffel herausnehmen und auf Küchenkrepp abtropfen lassen.

4 In dem in der Pfanne verbliebenen Öl die gehackten Zwiebeln zusammen mit der anderen Knoblauchzehe andünsten; die klein geschnittenen Tomaten und die Paprikaschote, die restliche Marinade, ein Sträußchen gehackte Petersilie hinzufügen, den Deckel daraufgeben und sacht köcheln lassen, bis der Sud sich sämig verkocht hat.

5 Den Teig recht dick (ca. 8 mm) ausrollen und zwei ungleiche Platten (3/5 und 2/5) ausschneiden. Mit der größeren Platte eine feuerfeste Form auslegen, die Ränder ein wenig überstehen lassen und den Teigverschnitt für die Dekoration aufheben. Den Teigboden mit Sauce bedecken, die Fleischstückchen und die in Scheiben geschnittenen hartgekochten Eier darauf verteilen. Mit den zerkleinerten Chilischoten bestreuen und mit dem restlichen Gemüsesud bedecken.

6 Die zweite Teigplatte darauflegen. Den Teig an einer Stelle durchstoßen und ein Röhrchen aus Backfolie einschieben, damit während des Garens der Dampf austreten kann. Die Ränder fest andrücken und die Pastete mit dem Teigverschnitt dekorieren. Die Oberfläche mit dem verquirlten Eigelb bestreichen. Die Fleischpastete 20 Minuten bei 200 °C im Backofen backen, lauwarm abkühlen lassen und servieren. Die *empanada* schmeckt auch kalt vorzüglich.

CODORNICES EN ZURRÓN

Wachteln im Paprikamantel ☛ *La Rioja*

1 Die küchenfertigen (d.h. gerupft, ausgenommen, abgeflammt, abgebraust und trockengetupft) Wachteln außen und inwendig vorsichtig salzen und pfeffern. Die Wachteln in einer Kasserolle (möglichst aus Terrakotta und mit Deckel) mit 3-4 Esslöffel Öl von allen Seiten knusprig anbraten, herausnehmen, gut abtropfen lassen und das Öl in der Kasserole aufheben.

2 Die Paprikaschoten waschen, den Stiel abschneiden und der Länge nach aufschneiden, jedoch nicht zweiteilen* (sodass sich eine Art Hülle bildet), und die Kerne und Rippen entfernen. In jede Schote eine Wachtel legen, mit angezogenen und zugebundenen Beinen. Eventuell die Paprikaschote mit Küchengarn zubinden, damit sie die Wachtel gut einschließt.

3 Die gehackte Zwiebel in der Kasserolle andünsten (gegebenenfalls Öl nachgießen), den fein gehackten Knoblauch zufügen, zwei Esslöffel Mehl so in den Sud einrühren, dass sich keine Klümpchen bilden. Die gefüllten Paprikaschoten in die Kasserole legen und kurz durchziehen lassen.

4 Die gewaschenen, entkernten und klein geschnittenen Tomaten, ein Glas Wein, die gehackte Petersilie, Salz und Pfeffer hinzufügen. Den Topf zudecken, in den Backofen schieben und bei 180 °C etwa eine dreiviertel Stunde garen lassen. Herausnehmen, das Garn abschneiden und sofort servieren.

**** Auf den Fotos 2, 3 und 4 sind die Paprikaschoten quer durchgeschnitten, damit die einzelnen Arbeitsstufen deutlicher werden.***

3
4
5
6

4 Wachteln (ca. je 250 g), küchenfertig
4 Paprikaschoten von der gleichen Farbe (möglichst grün)
1 Zwiebel
2 Knoblauchzehen
2 reife Tomaten
1 Sträußchen Petersilie
Mehl
Trockener Weißwein (1 Glas)
Salz und frisch gemahlener Pfeffer
Olivenöl

Portionen: 4
Vorbereitungszeit: 20′
Kochzeit: 1h
Schwierigkeitsgrad: ●●
Geschmacksrichtung: ●●
Kalorien (pro Portion): 425
Proteine (pro Portion): 41
Lipide (pro Portion): 16
Nährwert: ●●

1

2

ca. 1,3 kg Kaninchen (mit Leber), küchenfertig
1 Zwiebel
4 Knoblauchzehen
1 Paprikaschote
2-3 reife Tomaten
Wildes Fenchelkraut (ein Sträußchen)
Lorbeer
Paprikapulver
Trockener Weißwein
Salz
Olivenöl

Portionen: 4
Vorbereitungszeit: 20'
Kochzeit: 1h
Schwierigkeitsgrad: ●●
Geschmacksrichtung: ●●●
Kalorien (pro Portion): 504
Proteine (pro Portion): 57
Lipide (pro Portion): 20
Nährwert: ●●

CONEJO AL HINOJO

Kaninchen mit wildem Fenchel ☛ *Kanarische Inseln*

1 Das Kaninchen waschen, trockentupfen und in 10-12 Portionsstücke (Kopf nicht mitgerechnet) schneiden. Die Zwiebel häuten, grob hacken und in einem Terrakotta-Bräter (mit Deckel) mit 5-6 Esslöffel Öl anbraten. Die Paprikaschote und die Tomaten waschen, die Kerne und vom Paprika auch die Rippen entfernen, zerkleinern und in den Topf geben. Alles 10 Minuten dünsten, dann die abgezogenen Knoblauchzehen zufügen. Sobld sie Farbe annehmen, das Kaninchen hineinlegen, zusammen mit einem Lorbeerblatt und einem Teelöffel Paprikapulver. Das Kaninchenfleisch auf starker Flamme rundum knusprig anbraten.

2 Mit einem Glas Weißwein löschen und verdunsten lassen. Salz und ein paar Zweiglein Fenchelkraut zufügen. Dann die Fleischstücke mit warmem Wasser bedecken und zugedeckt zum Kochen bringen. Den Schaum abschöpfen, die Flamme herunterdrehen und ca. 40 Minuten köcheln lassen. In den letzten 5-6 Minuten den Deckel vom Topf nehmen, damit die Sauce eindicken kann, die zum Fleisch gereicht wird. Zum Schluss noch einmal mit Salz abschmecken.

Conejo al estilo Tarraconense

Geschmortes Kaninchen mit Schokolade ☛ *Katalonien*

1 Das gewaschene und trockengetupfte Kaninchen in kleine Stücke schneiden (ca. zwanzig, den Kopf nicht mitgerechnet) und zusammen mit der Leber in einem Terrakotta-Bräter mit 6 Esslöffel Öl gleichmäßig anbraten. Sobald das Fleisch Farbe angenommen hat, die Leber herausnehmen (beiseite stellen) und die gehackte Zwiebel zufügen. Sobald sie glasig ist, die gewaschenen, entkernten und zerkleinerten Tomaten hineingeben. Unter Umrühren alles durchziehen lassen, dann mit eineinhalb Glas Wein löschen, das Gewürzsträußchen hineinlegen und das Fleisch mit einem Teelöffel Fenchelsamen, Salz, Pfeffer und etwas Muskatnuss würzen. Die Kasserolle zudecken, die Flamme auf kleinste Stufe stellen und ungefähr eine halbe Stunde köcheln lassen.

2 In der Zwischenzeit die Kartoffeln schälen (oder, wenn sie frisch geerntet sind, waschen und kräftig abreiben) und 5 Minuten in Salzwasser abkochen. Abgießen, abtropfen lassen und halbieren (kleine ganz lassen). In einer trockenen Pfanne auf kleinster Flamme unter ständigem Rühren einen Esslöffel Mehl goldbraun rösten. Die Kaninchenleber zusammen mit einer Messerspitze Safran, der Chilischote (ohne Kerne), dem Knoblauch, der Bitterschokolade und dem gerösteten Mehl im Mörser zerstoßen (oder im Mixer pürieren). Die fertige Paste mit einem halben Glas warmem Wasser verlängern und zu dem Kaninchen und den Kartoffeln in den Bräter geben. Alles vorsichtig wenden, den Topf wieder zudecken und weitere 20 Minuten garen lassen. Das Gewürzsträußchen herausnehmen und das Gericht vor dem Auftragen mit gehackter Petersilie bestreuen.

ca. 1,3 kg Kaninchen (mit Leber), gebrauchsfertig
500 g neue Kartoffeln
1 Zwiebel
2-3 reife Tomaten
2 Knoblauchzehen
1 Gewürzsträußchen (Lorbeer, Petersilie, Thymian und Rosmarin) und ein Sträußchen Petersilie
Muskatnuss
Fenchelsamen
Safran
1 getrocknete Chilischote
20 g Bitterschokolade (oder bitterer Kakao)
Mehl
Rotwein
Salz und Pfeffer
Olivenöl

Portionen: 4
Vorbereitungszeit: 25'
Kochzeit: 1h ca.
Schwierigkeitsgrad: ●●
Geschmacksrichtung: ●●●
Kalorien (pro Portion): 587
Proteine (pro Portion): 61
Lipide (pro Portion): 21
Nährwert: ●●

1

2

HORNAZO CASTELLANO

Lammfleisch im Weinblattwickel ☛ *Kastilien und León*

700 g gehacktes Lammfleisch
50 g Schinken
50 g Speck
(oder Bauchspeck, nicht geräuchert)
Weinblätter
(ca. ein Dutzend, auch in der Fertigpackung)
1 Zwiebel
2 Scheiben hausbackenes Brot
(Krume)
2 Eier
50 g Mehl
Origano, Thymian
Zimtpulver, Muskatnuss
Trockener Weißwein
Grüner Salat (als Beilage)
Salz und Pfeffer
Olivenöl

Portionen: 4
Vorbereitungszeit: 25'+15'
Kochzeit: 1h ca.
Schwierigkeitsgrad: ●●
Geschmacksrichtung: ●●●
Kalorien (pro Portion): 712
Proteine (pro Portion): 45
Lipide (pro Portion): 35
Nährwert: ●●●

1

2

1 Eine Viertelstunde vorher die Brotkrume in einem Glas Wein einweichen. Frische Weinblätter gründlich abbrausen, damit jede Spur von Pestiziden entfernt wird, dann eine Minute in Salzwasser abkochen, herausnehmen, gut abtropfen lassen und die Stiele abschneiden. Den Schinken und den Speck fein hacken und mit dem gehackten Lammfleisch vermengen. Die ausgedrückte Brotkrume (den Wein aufheben), Salz, Pfeffer, ein wenig abgeriebene Muskatnus und eine Teelöffelspitze Zimtpulver daruntermischen.

2 Die Weinblätter auf einer genügend großen Alufolie oder Backfolie ausbreiten; dabei die Ränder übereinander legen, so dass ein rechteckiger Blätterteppich entsteht, auf dem die Hackfleischmasse verteilt wird. Rund herum einen etwa zwei Zentimeter großen Rand stehen lassen.

3

3 Mit Hilfe der Folie (die dann entfernt wird) den Blätterteppich mit der Farce aufrollen und die Rolle dann mit Küchengarn umwickeln. Die Fleischrolle in das verquirlte Ei tauchen und mehrmals darin wenden, damit sie sich mit der Eimasse vollsaugt, dann in Mehl wenden und vorsichtig auf ein Tablett legen und das überflüssige Mehl abklopfen.

Die römische Brücke und die Neue Kathedrale von Salamanca, die mit der Alten Kathedrale verschmilzt. Die Stadt liegt am rechten Ufer des Río Tormes.

4 Dann die Rolle in eine feuerfeste Form legen und mit 6-7 Esslöffel Öl auf dem Herd bei starker Hitze gleichmäßig goldbraun anbraten. Von der Herdstelle nehmen, die gehackte Zwiebel, Origano, Thymian und den aufgehobenen Wein hinzufügen. Dann noch soviel Wein zugießen, bis die Fleischrolle zwei Finger breit bedeckt ist. Die Form in den Backofen schieben und bei 180 °C ca. eine Stunde garen lassen. Ab und zu mit dem Bratenfond begießen. Zum Schluss die Lammfleischrolle herausnehmen, losbinden, aufschneiden und mit grünem Salat servieren.

4

CALDERETA DE CORDERO

Geschmortes Lammfleisch mit Kräutern ☛ *Estremadura*

700-800 g ausgebeintes Lammfleisch (Schulter oder Keule)
1 Zwiebel
1 geröstete Knoblauchknolle
2 reife Tomaten
3-4 frische grüne Paprikaschoten (klein, länglich)
1 Gewürzsträußchen (Lorbeer, Petersilie und Thymian)
Kümmel, 1 Gewürznelke
Paprikapulver
1 Scheibe hausbackenes Brot (Krume ohne Kruste)
Salz
Olivenöl

Portionen: 4
Vorbereitungszeit: 20'
Kochzeit: 1h ca.
Schwierigkeitsgrad: ●●
Geschmacksrichtung: ●●●
Kalorien (pro Portion): 339
Proteine (pro Portion): 34
Lipide (pro Portion): 13
Nährwert: ●●

1 Das Gemüse kochfertig putzen, von Tomaten und Paprikaschoten die Kerne und Rippen entfernen. Die Knoblauchknolle im Ganzen unter den Grill im Backofen legen, und ab und zu wenden, damit sie rundum gleichmäßig geröstet wird. Die äußeren Schalen werden ganz dunkelbraun, fast schwarz, und schrumpfen zusammen. Nach ungefähr 10 Minuten die Knolle herausnehmen und von den einzelnen Zehen die Schale abziehen. Das Lammfleisch in Würfel schneiden und in einen Tonbräter geben, knapp mit Wasser bedecken und zugedeckt zum Kochen bringen, dann den Schaum abschöpfen und die Flamme auf die kleinste Stufe stellen. Die Zwiebel und die Tomatenspalten, die längs halbierten Paprikaschoten, die gerösteten Knoblauchzehen, das Gewürzsträußchen, eine Prise Salz und 5-6 Esslöffel Öl hinzufügen. Die Kasserolle zudecken und etwa eine Dreiviertelstunde sacht kochen lassen, bis das Fleisch zart ist.

2 In der Zwischenzeit die Brotkrume in Wasser einweichen. 10 Minuten vor Ende der Garzeit einen halben Teelöffel Kümmel, die Gewürznelke und die ausgedrückte Brotkrume (das Wasser aufheben) im Mörser zerstoßen; einen Teelöffel Paprikapulver zufügen und mit etwas Wasser verdünnen; dann die würzige Paste unter das Lammfleisch rühren. Das Gewürzsträußchen herausnehmen und das Gericht sofort auftragen.

2

1

CABRITO AL SALMOREJO

Marinierter Ziegenlammbraten ☛ *Kanarische Inseln*

1 Die *ñoras* eine halbe Stunde vorher in lauwarmes Wasser legen, dann ausdrücken, die Kerne entfernen und zusammen mit der abgezogenen Knoblauchzehe, den Origano- und Thymianblättchen, einem halben Teelöffel Paprikapulver, Salz und Pfeffer im Mörser zerstoßen (oder im Mixer pürieren). Die Paste in eine Schüssel geben, mit 3-4 Esslöffel Essig verdünnen und damit die Lammschulter von allen Seiten einreiben. Das Fleisch mindestens 8 Stunden zugedeckt in der Marinade belassen. Dann herausnehmen, abtropfen lassen und das Lammfleisch abschaben. Die ganze Marinade aufheben.

2 Die Lammschulter in Portionsstücke schneiden, in einer Kasserolle aus Terrakotta mit 5-6 Esslöffel Öl anbraten, den Topf zudecken, die Flamme auf kleinste Stufe herunterdrehen und eine gute halbe Stunde kochen lassen, bis das Fleisch zart ist (gegebenenfalls etwas warmes Wasser zugießen). Das Fleisch auf einer Platte anrichten. Die festen und flüssigen Bestandteile der Marinade (*salmorejo*) in das in der Kasserolle verbliebene Öl geben, fünf Minuten auf starker Flamme durchkochen und die Sauce über die Lammstücke verteilen. Serviervorschlag: *papas arrugadas*, 5-6 pro Person.

Ñoras sind getrocknete Paprikaschoten, die im Geschmack eher mild als pikant sind. Die laternenförmigen Schoten sind meist dunkelrot, fast violett. Als Ersatz kann man auch edelsüßes Paprikapulver verwenden.

700-800 g Ziegenlammbraten (Schulter oder Rücken, ausgebeint)
2 *ñoras* (siehe unten)
1 Knoblauchzehe
Paprikapulver
je 1 Zweiglein Origano und Thymian
Papas arrugadas (Runzelkartoffeln) (als Beilage, siehe Rezept auf S. 110)
Essig
Salz und Pfeffer
Olivenöl

Portionen: 4
Vorbereitungszeit: 20'+8h 30'
Kochzeit: 40'
Schwierigkeitsgrad: ●●
Geschmacksrichtung: ●●●
Kalorien (pro Portion): 265
Proteine (pro Portion): 29
Lipide (pro Portion): 16
Nährwert: ●

Jabalí a la Montañesa

Mariniertes Wildschweingulasch ☛ *Kantabrien*

1 Am Abend vorher alle für die Marinade erforderlichen Küchenkräuter vorbereiten. Den Porree in feine Ringe und die Möhre in Scheibchen schneiden und mit dem Gewürzsträußchen, 3-4 Wacholderbeeren, 3-4 Pfefferkörnern, der zerdrückten Knoblauchzehe und einem Teelöffel Zucker in eine Terrine geben, eineinhalb Glas Wein und 4-5 Esslöffel Öl zugießen. Das Wildschweinfleisch in gleichmäßige Stücke schneiden und in die Marinade legen. Das Fleisch ab und zu wenden und mindestens eine ganze Nacht (möglichst 24 Stunden) marinieren.

- 700-800 g mageres Wildschweinfleisch (oder Reh)
- 50 g Speck
- 50 g *Jamón serrano* (siehe unten)
- 4-5 Frühlingszwiebeln
- 150 g Champignons
- 100 g Tomatenpüree
- Mehl
- Hühner- oder Gemüsebrühe (mit Brühwürfel oder Granulat)
- Olivenöl

Für die Marinade:

- 1 Karotte
- 1/2 Porreestange
- 1 Knoblauchzehe
- 1 Gewürzsträußchen (Lorbeer, Minze, Petersilie, Rosmarin, Thymian)
- Wacholderbeeren
- Pfefferkörner
- Zucker
- Rotwein
- Olivenöl

Portionen: 4
Vorbereitungszeit: 25'+12h
Kochzeit: 1h 40'
Schwierigkeitsgrad: ●●
Geschmacksrichtung: ●●
Kalorien (pro Portion): 782
Proteine (pro Portion): 38
Lipide (pro Portion): 53
Nährwert: ●●●

2 Die Zwiebeln häuten und die Champignons gut abbrausen. Das Fleisch herausnehmen, abtropfen lassen und trockentupfen. Die Marinade beiseite stellen. Die Wildschweinstücke in einer Terrakotta-Kasserole (mit Deckel) in 5-6 Esslöffel Öl rundum anbraten, dann herausnehmen, abtropfen lassen und warm stellen.

3 In dem restlichen Öl den Speck und den gewürfelten *Serrano*-Schinken auslassen und die Frühlingszwiebeln im Ganzen und die geviertelten Champignons darin andünsten. Das Wildschweingulasch wieder hineingeben, ebenso die durch ein Sieb gestrichene Marinadenflüssigkeit (zwei Esslöffel davon zurückbehalten, da sie später gebraucht wird) und das Gewürzsträußchen. Den Topf zudecken und das Gericht eine knappe Stunde sacht köcheln lassen.

4 In einem anderen Topf mit 2-3 Esslöffel Öl und einem Esslöffel Mehl eine Mehlschwitze bereiten, die Brühe, das Tomatenpüree und die Marinade hinzufügen und alles unter Umrühren eindicken lassen. Die Sauce über das Gulasch gießen und noch eine weitere halbe Stunde sacht kochen lassen, bis das Fleisch zart und gar ist. Sofort servieren.

1

Jamón serrano ***oder Serrano-Schinken ist ein roher Schinken aus dem Bergland. Er ist salzig und luftgetrocknet (12 bis 18 Monate) und ist eine echte gastronomische Spezialität der iberischen Halbinsel. Wenn er - wie es die Tradition vorschreibt - vom*** **cerdo ibérico,** ***der hiesigen Schweinerasse mit schwarzem Fell stammt, dürfte er zwischen 6 und 8 Kilo wiegen. Serrano-Schinken schmeckt ausgezeichnet als Aufschnitt, wird aber auch häufig zum Kochen verwendet.***

2

3

4

LIEBRE ESTOFADA A LA CASTELLANA

Hasenragout ☛ *Kastilien und León*

1 Hase (1,3 - 1,5 kg), küchenfertig (möglichst jung)
200 g getrocknete weiße Bohnen (die breite Spagna-Sorte)
1 Zwiebel
2 Knoblauchzehen
2-3 grüne frische Paprikaschoten (kleine, länglich)
1 Gewürzsträußchen (Lorbeer, Petersilie, Thymian) und ein zusätzliches Lorbeerblatt
1 Stück Zimtstange
1 rote getrocknete Chilischote
Trockener Weißwein
Roter Weinessig
Salz und Pfeffer
Olivenöl

Portionen: 4
Vorbereitungszeit: 20'+4-5h
Kochzeit: 30'
Schwierigkeitsgrad: ●●
Geschmacksrichtung: ●●
Kalorien (pro Portion): 630
Proteine (pro Portion): 49
Lipide (pro Portion): 28
Nährwert: ●●

1 Die Bohnen 4-5 Stunden vorher einweichen. Von dem ausgenommenen und gewaschenen Hasen Füße und Kopf abtrennen und das Tier in etwa zwölf Portionsstücke zerlegen. Das Fleisch mit Salz und Pfeffer bestreuen, in eine Schüssel legen, einen Spritzer Wein, gemischt mit Essig, darüber gießen und eine halbe Stunde ruhen lassen. Die Bohnen in einen Topf geben, mit kaltem Wasser bedecken und mit einer viertel Zwiebel, die in Streifen geschnitten wird, einem Lorbeerblatt und einer Prise Salz aufsetzen und zugedeckt langsam zum Kochen bringen, dann auf kleinster Flamme ca. eine Stunde köcheln lassen. In der Zwischenzeit das übrige Gemüse putzen und aus den Paprikaschoten die Kerne entfernen.

2 Die Hasenstücke in eine große Kasserolle aus Terrakotta (mit Deckel) legen, zusammen mit der restlichen grob gehackten Zwiebel, dem abgezogenen und in Scheibchen geschnittenen Knoblauch, den in Stücke geschnittenen grünen Paprikaschoten, der zerriebenen Chilischote, dem Gewürzsträußchen, dem Zimt, einem vollen Glas Wein, 2-3 Esslöffel Essig, 4-5 Esslöffel Öl und einer Prise Salz. Alles sacht zum Kochen bringen, die Herdstelle auf kleinste Stufe schalten, den Topf zudecken und etwa eine Stunde köcheln lassen. Ab und zu ein wenig von der Bohnenbrühe nachgießen. Eine Viertelstunde vor Ende der Garzeit die Bohnen hineingeben, den Topf wieder zudecken und zu Ende garen. Vor dem Auftragen das Gericht leicht abkühlen lassen.

1

2

PATO A LA SEVILLANA

Ente mit Zitrusfrüchten ☛ *Andalusien*

1

2

1 Hausente, ca. 1,5 kg (küchenfertig)
1 Zwiebel
1 Karotte
1 bittere Orange (oder eine halbe süße Orange und eine halbe Zitrone)
180 g in Salzlake eingelegte, grüne Oliven
Lorbeer und Petersilie
Mehl
ca. 1 l Gemüsebrühe (mit Brühwürfel oder Granulat)
1/2 l trockener Weißwein
Salz und Pfeffer
Olivenöl

Portionen: 4-6
Vorbereitungszeit: 25′
Kochzeit: 1h 40′
Schwierigkeitsgrad: ●●
Geschmacksrichtung: ●●
Kalorien (pro Portion): 662
Proteine (pro Portion): 50
Lipide (pro Portion): 30
Nährwert: ●●●

1 Die gerupfte und ausgenommene Ente (auch Fett und Drüsen entfernen) abflammen, abbrausen, trockentupfen und in etwa zwölf Portionsstücke zerlegen. Das Fleisch in einer großen Kasserolle (möglichst aus Terrakotta, mit Deckel) mit 6 Esslöffel Öl und der in Streifen geschnittenen Zwiebel kräftig anbraten. Wenn die Stücke rundum goldbraun sind, herausnehmen und warm stellen. Das überschüssige Fett abschöpfen. Einen Esslöffel Mehl in die Kasserolle geben und auf mittlerer Flamme solange rühren, bis es Farbe annimmt; dann den Wein zugießen und mit dem Bratfond verrühren.

2 Die Entenstücke wieder hineinlegen, dazu nacheinander die Orangenspalten (gewaschen, aber mit Schale), ein Zweiglein Petersilie, ein Lorbeerblatt, die geputzte und in Stücke geschnittene Karotte, Salz und Pfeffer. Soviel Gemüsebrühe zugießen, dass die Entenstücke fast bedeckt sind, den Topf zudecken und eine Stunde und 20 Minuten sacht kochen lassen. Am Ende der Garzeit muss die Ente zart und saftig sein. Das Fleisch auf einer Platte anrichten und warm stellen. Den Bratfond durch ein Sieb streichen und mit den abgetropften, entkernten und zerkleinerten Oliven wieder in die Kasserolle umfüllen und alles bei starker Hitze durchziehen lassen. Die Ente mit der Sauce anrichten und auftragen.

Paella a la valenciana

☛ *Levante*

1,2 kg Brathuhn (küchenfertig)
700 g Reis für Risotto
250 g mageres Schweinefleisch
6-8 Scampi
500 g Venusmuscheln
300 g frische
(oder tiefgekühlte) Erbsen
4-5 reife Tomaten
2 Paprikaschoten
1 Zwiebel
4-5 Knoblauchzehen
Lorbeer
Safran
1 Zitrone
Paprikapulver
ca. 1 l Hühnerbrühe
Salz und frisch gemahlener
Pfeffer
Olivenöl

Portionen:	6
Vorbereitungszeit:	25'
Kochzeit:	1h ca.
Schwierigkeitsgrad:	●●
Geschmacksrichtung:	●●●
Kalorien (pro Portion):	1107
Proteine (pro Portion):	59
Lipide (pro Portion):	44
Nährwert:	●●

1

2

3

1 Die Paprikaschoten 10 Minuten auf den Backofengrill legen und ab und zu wenden, damit sich die Haut gut abziehen lässt. Kerne, Rippen und Stiel entfernen und in Streifen schneiden. Die Tomaten waschen, entkernen und grob würfeln. Die Knoblauchzehen abziehen, die Zwiebel häuten und alles fein hacken. Nun das Huhn in zwölf Portionsstücke zerlegen und in der *paellera*, der typischen breiten Pfanne, mit 6-7 Esslöffel Öl und einer Prise Salz und Pfeffer goldbraun anbraten, dann herausnehmen und warm stellen.

2 In dem in der *paellera* verbliebenen Öl das gewürfelte Schweinefleisch anbraten, die Muscheln dazugeben, damit sie sich öffnen, und die gewaschenen Scampi tropfnass hineinlegen. Sobald sie eine rosa Farbe angenommen haben, zusammen mit dem Schweinefleisch und den Muscheln herausnehmen (geschlossene Mollusken wegtun) und ebenfalls warm stellen.

3 Den Knoblauch und die Zwiebel fein hacken und in dem verbliebenen Fond glasig dünsten. Tomaten und Erbsen zufügen und sacht ziehen lassen. Nach 5 Minuten ein Lorbeerblatt, ein Tütchen Safran, einen Teelöffel Paprikapulver, Salz und frisch gemahlenen Pfeffer hineingeben und kräftig umrühren. Den Reis einstreuen, kurz durchziehen lassen und die heiße Brühe darüber gießen. Alles aufkochen lassen, die Flamme herunterschalten und 20 Minuten köcheln lassen, bis der Reis die Flüssigkeit aufgesogen hat. Mit Salz abschmecken. Jetzt den in Streifen geschnittenen Paprika zufügen und umrühren. Auf dem Gemüsereis das Huhn, das Schweinefleisch, die Scampi und die Muscheln verteilen. Die Paella mit Alufolie abdecken und eine Viertelstunde bei 180 °C in den Backofen geben. Serviert wird die schmackhafte Reispfanne mit Zitronenachteln.

Die Paellera ist bekanntlich die typische breite Pfanne mit Griffen, in der traditionsgemäß dieser berühmte und köstliche Eintopf gekocht wird. Ursprünglich war dieses bescheidene Gericht die Mahlzeit der Dienstboten, als in den Palastküchen die Reste der üppigen Tafelfreuden der Patrizier in einem großen Kessel Verwertung fanden.

1

2

- 1 Brathuhn, ca. 1,2 kg (küchenfertig)
- 3 Frühlingszwiebeln
- 100 g Champignons
- 50 g Speck (am Stück)
- Mehl
- Lorbeer und Petersilie
- 2 dl trockener Sherry
- Olivenöl
- Salz und Pfeffer

Portionen: 4
Vorbereitungszeit: 25'
Kochzeit: 40' ca.
Schwierigkeitsgrad: ●●
Geschmacksrichtung: ●●
Kalorien (pro Portion): 999
Proteine (pro Portion): 44
Lipide (pro Portion): 64
Nährwert: ●●●

Pollo al Jerez

Huhn in Sherry-Sauce ☛ *Andalusien*

1 Das ausgenommene, abgeflammte, abgebrauste und trockengetupfte Brathuhn in 10-12 Portionsstücke zerlegen und leicht mit Salz und Pfeffer einreiben. Das Fleisch mit 5 Esslöffel Öl in der Pfanne goldbraun anrösten und in einer Kasserolle warm stellen. Die Zwiebeln in Streifen und den Speck in Würfel schneiden und in dem restlichen Öl glasig dünsten. Einen Esslöffel Mehl einrühren, mit einem guten Glas Wein löschen und eine Minute auf starker Flamme unter Umrühren sautieren.

2 Die Sherry-Sauce über das Huhn in der Kasserolle geben, ein Lorbeerblatt hineinlegen, mit Salz und Pfeffer abschmecken und zum Kochen bringen. Die Flamme herunterdrehen, den Topf zudecken und das Fleisch ganz sacht etwa eine halbe Stunde kochen lassen. Bei Bedarf ein wenig warmes Wasser nachgießen. In der Zwischenzeit die Pilze waschen und putzen, dann vierteln und mit 3-4 Esslöffel Olivenöl in der Pfanne sautieren. 4-5 Minuten vor Ende der Garzeit die Pilze zum Huhn geben. Alles schön auf einer Platte anrichten, mit fein gehackter, frischer Petersilie bestreuen und heiß servieren.

POLLO EMBARRADO

Huhn in Käutersauce ☛ *Kanarische Inseln*

1 Das ausgenommene, abgeflammte, abgebrauste und trockengetupfte Brathuhn bereitlegen. Die abgezogenen Knoblauchzehen, ein Händchen voll grobes Salz, 2 Esslöffel Paprikapulver und 3 Teelöffel Kümmel in einem Mörser zerstoßen. Die Paste in ein Schüsselchen geben und mit einem halben Glas Essig und ein paar Tropfen Wein verdünnen. Das Brathuhn innen und außen damit einreiben und eine Stunde ruhen lassen.

2 Das Huhn in 10-12 Portionsstücke zerlegen und in einem Tonbräter mit 5-6 Esslöffel Öl gleichmäßig goldbraun anbraten. Mit einem Glas Wein löschen, die Flamme herunterdrehen, die Kasserolle zudecken und das Fleisch eine halbe Stunde sacht köcheln lassen. Während der Garzeit ab und zu nachsehen, dass die Flüssigkeit nicht allzu sehr verdunstet. Gegebenenfalls ein wenig warmes Wasser nachgießen. Das Huhn mit der Kräutersauce servieren und Grillkartoffeln oder *papas arrugadas* (Runzelkartoffeln) dazu reichen.

1 Brathuhn, 1,2 kg ca. (küchenfertig)
1 Knoblauchknolle
Kümmel
Paprikapulver
Grillkartoffeln oder *papas arrugadas* (als Beilage, s. S. 110)
Trockener Weißwein
Essig
Grobes Salz
Olivenöl

Portionen: 4
Vorbereitungszeit: 15'+1h
Kochzeit: 35'
Schwierigkeitsgrad: ●●
Geschmacksrichtung: ●●
Kalorien (pro Portion): 843
Proteine (pro Portion): 46
Lipide (pro Portion): 52
Nährwert: ●●

1

2

POLLO EN SAMFAINA

Huhn mit Auberginen und Paprika ☛ *Katalonien*

1 Brathuhn, ca. 1,2 kg (küchenfertig)
2 Auberginen
2 Paprikaschoten
1 Zucchino
1 Zwiebel
3 Knoblauchzehen
2 reife Tomaten
Lorbeer, Petersilie und Thymian
Trockener Weißwein
Salz und Pfeffer
40 g Schmalz

Portionen: 4-6
Vorbereitungszeit: 20'+30'
Kochzeit: 50'
Schwierigkeitsgrad: ●●
Geschmacksrichtung: ●●
Kalorien (pro Portion): 733
Proteine (pro Portion): 44
Lipide (pro Portion): 49
Nährwert: ●●

1 Eine halbe Stunde vorher die Auberginen streifig schälen, in Scheiben schneiden, auf einem Teller aufschichten, mit Salz bestreuen und mit einem Gewicht beschweren, damit der bittere Gemüsesaft austreten kann. In der Zwischenzeit das Gemüse - Paprikaschoten, Tomaten und Zucchino - putzen und waschen. Das zugerichtete Brathuhn in 10-12 Portionsstücke zerlegen, mit Salz und Pfeffer einreiben und eine Viertelstunde ruhen lassen. Die Auberginenscheiben abbrausen, gut trockentupfen und in Würfel schneiden, dann in einem Esslöffel ausgelassenem Schmalz unter Umrühren in einer Kasserole sautieren. Nach 2 Minuten die grob geschnittenen Paprikaschoten und den gewürfelten Zucchino hinzugeben und zusammen durchziehen lassen.

2 Das restliche Schmalz in einem Tonbräter auslassen und darin die Hühnchenstücke mit Zwiebelstreifen goldgelb anbraten. Den gehackten Knoblauch und die zerkleinerten Tomaten hineingeben, 2-3 Minuten auf starker Flamme durchkochen lassen, umrühren und mit einem knappen Glas Wein löschen. Ein Lorbeerblatt, je ein Zweiglein Petersilie und Thymian, Salz und Pfeffer zufügen. Die Flamme herunterdrehen, den Topf zudecken und auf kleinster Stufe etwa eine halbe Stunde schmoren lassen. Dann den Deckel abnehmen, die Auberginen, die Paprikaschoten und den Zucchino hineingeben und bei mittlerer Hitze etwa zehn Minuten eindicken lassen. Sofort servieren.

2

1

MAR I TERRA

Huhn mit Languste und Schokolade ☛ *Katalonien*

1 Die Mandeln und Haselnüsse etwa zehn Minuten bei 200 °C im Backofen rösten. Das wie üblich ausgenommene, abgeflammte, abgebrauste und trockengetupfte Brathuhn in kleine Portionsstücke zerlegen und mit einem Gewürzgemisch aus Salz, Pfeffer und einer Messerspitze Zimt einreiben. Die Fleischstücke zusammen mit der zugerichteten Leber in einem Tonbräter (mit Deckel) goldbraun anbraten. Die Leber herausnehmen und die abgezogene und gehackte Zwiebel und den Porree zufügen. Alles zusammen sacht dünsten, dann das Gewürzsträußchen, die abgeriebene Orangenschale, die gewaschenen, entkernten und in Stücke geschnittenen Tomaten, sowie zwei Glas Wein zufügen. Die Flamme herunterschalten und solange köcheln lassen, bis die Flüssigkeit zur Hälfte verdunstet ist (ca. 15 Minuten). Zwei Esslöffel Paniermehl einstreuen und die Hühnchenstücke fast ganz mit Wasser bedecken. Den Topf zudecken und noch eine Viertelstunde garen lassen.

2 In der Zwischenzeit Mandeln, Haselnüsse, Knoblauch, Hühnchenleber und die zerbröckelte Schokolade im Mörser zerstoßen (oder im Mixer pürieren), eine Messerspitze Safran daruntermischen und die Paste mit einem kleinen Guss warmem Wasser verdünnen. Die Languste abbrausen und zurichten. Den Panzer entfernen und das Fleisch in 8-10 nicht zu große Portionsstücke teilen, kurz in einer geölten Pfanne sautieren und zu dem Huhn geben. Dann die fertige Paste vorsichtig darunter heben, damit die Würze gut einziehen kann, die Herdstelle ausschalten und einen Augenblick ruhen lassen. Vor dem Auftragen das Gewürzsträußchen herausnehmen und das Gericht mit frisch gehackter Petersilie bestreuen.

1 Brathuhn (mit Leber), ca. 1,2 kg
1 Languste (oder Hummer), ca. 1 kg
1 Zwiebel
2-3 reife Tomaten
2 Knoblauchzehen
1 Stückchen Porree
1 Handvoll abgezogene Mandeln und Haselnüsse
1 Gewürzsträußchen (Lorbeer, Origano, Petersilie, Thymian) plus 1 Zweiglein Petersilie
Abgeriebene Orangenschale (von 1/2 Orange)
Zimt und Safran
20 g Bitterschokolade (oder Bitterkakao)
Trockener Weißwein
Paniermehl
Salz und Pfeffer
Olivenöl

Portionen: 6-8
Vorbereitungszeit: 20'
Kochzeit: 45'+10'
Schwierigkeitsgrad: ●●
Geschmacksrichtung: ●●
Kalorien (pro Portion): 673
Proteine (pro Portion): 46
Lipide (pro Portion): 40
Nährwert: ●●

PASTEL A LA MURCIANA

Fleischpastete ☛ *Murcia*

1 250 g Mehl in eine Schüssel sieben, die in lauwarmem Wasser aufgelöste Hefe, das Schmalz, das Eiweiß und eine Prise Salz mit dem Schneebesen zu einem glatten Teig verrühren. Eine Kugel formen und den Teig zwei Stunden aufgehen lassen. In der Zwischenzeit mit dem restlichen Mehl und der Butter nach dem Verfahren auf S. 117 den Blätterteig bereiten (die Mengenangaben entsprechen diesem Rezept). Die Eier 7 Minuten hart kochen, abschrecken, lauwarm abkühlen lassen und pellen.

Für die Teige:
375 g Mehl (plus etwas Mehl zum Ausrollen)
1 Eiweiß
Salz
15 g Bierhefe
30 g Schmalz
125 g Butter

1 Huhn (1,2 kg, küchenfertig)
200 g Kalbsbraten (Rest vom Vortag oder auch roh)
1 Lammhirn (küchenfertig)
150 g *Chorizo*-Wurst (s. Text im Bild)
2 Eier
1 Zwiebel
1 Knoblauchzehe
1 Bund Petersilie
1 Zitrone
Salz und Pfeffer
Olivenöl

Portionen: 4-6
Vorbereitungszeit: 50'+2h
Kochzeit: 1h 15'
Schwierigkeitsgrad: ●●●
Geschmacksrichtung: ●●
Kalorien (pro Portion): 1397
Proteine (pro Portion): 64
Lipide (pro Portion): 88
Nährwert: ●●●

2 Die Zwiebel häuten, mit dem Knoblauch fein hacken und in 5-6 Esslöffel Öl in der Kasserole glasig dünsten. Das in etwa 12 Portionsstücke zerlegte Huhn zusammen mit dem klein geschnittenen Kalbfleisch darin anbraten. Die gehackte Petersilie, den Saft einer Zitrone und Salz und Pfeffer hinzufügen. Das Fleisch knapp mit lauwarmem Wasser bedecken, zum Kochen bringen, den Topf zudecken, die Flamme auf kleinste Stufe herunterschalten und eine knappe halbe Stunde sacht garen lassen. In der Zwischenzeit das Hirn kalt abbrausen und in schwach gesalzenem Wasser 3-4 Minuten abkochen. Am Ende der Garzeit die Hühnchenstücke herausnehmen, die Haut abziehen, die Knochen herauslösen, das Fleisch in kleine Würfel schneiden und wieder in die Kasserolle zu dem Kalbfleisch geben. Das Hirn ebenfalls würfeln und dazufügen.

3 Den ersten Teig (ohne Butter) ausrollen und damit eine feuerfeste Form in der passenden Größe auslegen. Das gemischte Ragout hineingeben und glatt streichen, mit *Chorizo*-Wurst und hartgekochten Eierscheiben belegen. Den Blätterteig ausrollen und damit die Pastete abdecken. Die Ränder festdrücken und mit dem Verschnitt die Oberfläche garnieren. In der Mitte eine Öffnung machen und ein Papierröllchen hineinstecken, damit der Dampf austreten kann.

1

2

Die bekannteste iberische Wurstsorte, die berühmte Chorizo, *ist eine herzhafte Schweinswurst, fett oder mager (manchmal auch mit dem Zusatz von Rindfleisch), die reichlich gewürzt ist mit Paprikapulver - mehr oder weniger "caliente" - Knoblauch, Pfeffer und anderen Gewürzen, ähnlich wie die pikante Salami aus Süditalien. Auf dem Markt gibt es verschiedene Sorten, die man an der Farbe des Etiketts erkennen kann. Während sich für* Tapas *und* Bocadillos *die (bis zu 3 Monaten) abgehangene Wurst eignet, wird zum Kochen meist die frische* Chorizo *empfohlen.*

4 Den *pastel* in den Backofen schieben und bei 220 °C 15 Minuten lang backen. Herausnehmen und die Oberfläche mit verquirltem Eigelb bestreichen. Die Hitze auf 180 °C reduzieren, die Pastete wieder hineinschieben und noch 20 Minuten backen. Anstatt des Lammhirns kann man auch ein größeres Huhn oder entsprechend mehr Kalbfleisch nehmen.

3

4

Cocido Madrileño

Kochfleisch-Allerlei ☛ *Madrid*

In der filtrierten Brühe des cocido kann man traditionsgemäß fideos (s. S. 28) oder Reis kochen und diese als ersten Gang servieren.

1 Die Kichererbsen 4-5 Stunden vorher einweichen. Abgießen und in einen großen Topf geben, zusammen mit dem Huhn, dem Speck, dem in Stücke geschnittenen Rindfleisch und der *Chorizo*-Wurst, dem Schinkenknochen, der geputzten Karotte und dem Sellerie und der Nelkenzwiebel. Alles reichlich mit kaltem Wasser bedecken und zum Kochen bringen. Die Flamme herunterdrehen, den Topf zudecken und ca. eineinhalb Stunden köcheln lassen.

1

2 Die Kartoffeln schälen und in Scheiben schneiden. Den Kohl putzen und achteln. Beides zu dem kochenden Fleisch in die Kasserolle geben und salzen. Den Topf wiederzudecken und eine weitere halbe Stunde garen lassen.

2

3 Die Herdstelle ausschalten. Mit dem Schaumlöffel Kohl und Kartoffeln herausheben und gut abtropfen lassen. In einer Pfanne die abgezogenen und halbierten Knoblauchzehen mit 5-6 Esslöffel Öl andünsten, herausnehmen und den Kohl und die Kartoffeln kurz in dem Knoblauchöl sautieren und mit dem Fleisch (Huhn, Rindfleisch, Speck und *Chorizo*-Wurst) auf einer Platte anrichten. Den Schinkenknochen wegtun.

3

- 1 Viertel Huhn (küchenfertig)
- 250 g mageres Rindfleisch
- 100 g *Chorizo*-Wurst (s. S. 60)
- 100 g Speck (am Stück)
- 1 Schinkenknochen
- 1 kg Weißkohl
- 250 g Kichererbsen
- 3 Kartoffeln
- 1 Karotte
- 1 mit Gewürznelke besteckte Zwiebel
- 1 Selleriestange
- 2 Knoblauchzehen
- Salz und Pfeffer
- Olivenöl

Portionen: 4-6
Vorbereitungszeit: 25'+4-5h
Kochzeit: 2h ca.
Schwierigkeitsgrad: ●●
Geschmacksrichtung: ●●
Kalorien (pro Portion): 809
Proteine (pro Portion): 41
Lipide (pro Portion): 49
Nährwert: ●●

ROPA VIEJA

Rindfleisch-Geschnetzeltes mit Gemüse

☛ *Kastilien und León*

700 g Roastbeef
(oder gekochtes Rind- oder Kalbfleisch vom Vortag)
2 Auberginen
1 Zwiebel
1 Knoblauchzehe
1 Paprikaschote
Mehl
100 g Tomatenpüree
Hühner- oder Gemüsebrühe (mit Brühwürfel oder Granulat)
Salz und Pfeffer
Olivenöl
Grobes Salz

Portionen: 4-6
Vorbereitungszeit: 20′+30′
Kochzeit: 35′
Schwierigkeitsgrad: ●●
Geschmacksrichtung: ●●
Kalorien (pro Portion): 331
Proteine (pro Portion): 30
Lipide (pro Portion): 14
Nährwert: ●

1 Die Auberginen streifig schälen, in Scheiben schneiden, auf einem Teller aufschichten, mit grobem Salz bestreuen und mit einem Gewicht beschweren, damit der bittere Gemüsesaft austreten kann. In der Zwischenzeit die geputzte und entkernte Paprikaschote auf dem Backofengrill rösten, dabei ab und zu wenden. Nach ungefähr zehn Minuten den Paprika herausnehmen, die Haut abziehen und das Fruchtfleisch in Streifen schneiden. Nach einer halben Stunde die Auberginenscheiben abbrausen, trockentupfen und mit 6-7 Esslöffel Öl in der Pfanne von beiden Seiten goldgelb backen.

2 Die Zwiebel häuten und den Knoblauch hacken und in dem verbliebenen Öl andünsten, zwei Esslöffel Mehl zufügen und rasch umrühren, damit sich keine Klumpen bilden. Die Paprikastreifen, das Tomatenpüree, 2-3 Schöpflöffel Brühe, Salz und Pfeffer hinzufügen. Alles kurz durchziehen lassen, dann das Fleisch und die in Streifen geschnittenen Auberginen darunter heben. Umrühren und ungefähr zehn Minuten sacht durchziehen lassen, dann auftragen.

Ein berühmtes Rezept, das, wie viele andere traditionelle Küchenvorschläge, als Resteverwertung entstanden ist (der Name des Gerichts bedeutet mehr oder weniger "gebrauchtes Kleid"). Als Variante kann man, wie beim cocido auf vorstehender Seite, den Fleischtopf mit gekochten Kichererbsen anreichern.

ESTOFADO A LA ANDALUZA

Geschmortes Kalbfleisch mit Kräutern ☛ *Andalusien*

- 1 kg Kalbfleisch (Nuss, mager und gebunden)
- 1 Paprikaschote
- 1 reife Tomate
- 1 Zwiebel
- 2 Karotten
- 3-4 Kartoffeln
- 1 Knoblauchknolle
- 1 Lorbeerblatt
- 1 Sträußchen Petersilie
- 1 Stück Zimtstange, 1 Gewürznelke Safranpulver
- Trockener Weißwein
- Salz und Pfefferkörner
- Olivenöl

Portionen: 6-8
Vorbereitungszeit: 25'
Kochzeit: 1h 30'
Schwierigkeitsgrad: ●●
Geschmacksrichtung: ●●●
Kalorien (pro Portion): 469
Proteine (pro Portion): 36
Lipide (pro Portion): 12
Nährwert: ●

1 Eine Knoblauchknolle im Ganzen im Backofengrill (s. S. 48) rösten. Ab und zu wenden und nach etwa zehn Minuten herausnehmen, die Zehen ablösen und abziehen. Paprika, Tomate, Zwiebel und Karotte waschen und putzen. Das Kalbfleisch in Portionsstücke schneiden, in eine Kasserolle (möglichst aus Terrakotta und mit Deckel) geben und mit 4-5 Esslöffel Öl anbraten, zusammen mit dem in Streifen geschnittenen Paprika, den Tomatenachteln, den Zwiebelstreifen und der längs halbierten und in Stücke geschnittenen Karotte.

2 6 Pfefferkörner, die Gewürznelke, den gerösteten Knoblauch und ein Stückchen Zimtstange im Mörser zerstoßen. Ein Tütchen Safran in die Paste einrühren und mit einem knappen Glas Wasser verdünnen. Die Mischung zusammen mit 4-5 Esslöffel Öl, einem halben Glas Wein, dem Lorbeer, der gehackten Petersilie und einer Prise Salz zu dem Fleisch geben. Den Topf zudecken und ungefähr eine Dreiviertelstunde köcheln lassen. Bei Bedarf ein wenig warmes Wasser nachgießen. Dann die geschälten und in Scheiben geschnittenen (eventuell auch halbierten) Kartoffeln hinzufügen, mit Salz abschmecken, noch einmal zudecken und weitere 20-25 Minuten garen lassen. Den *estofado* heiß im Tontopf servieren.

2

1

FISCH, KRUSTENTIERE UND MOLLUSKEN

Die ganze phantasievolle Palette
der spanischen Küche
anhand unvergesslicher Rezepte,
von marmitako basco *zum tropischen*
Tintenfisch der Kanaren,
von der farbenfrohen zarzuela
zu würzigem Schwertfisch,
wie man ihn in Malaga kostet,
von Kalmaren,
die in der eigenen Tintenflüssigkeit garen,
bis zu delikaten Sepien mit Pilzen.
Solchen Genüssen kann
man einfach nicht widerstehen ...

4

ATÚN ENCEBOLLADO

Thunfisch mit Zwiebeln ☛ *Baskenland*

700 g Thunfisch (eine Scheibe)
4 Zwiebeln
2 Knoblauchzehen
Lorbeer und Thymian
Paprikapulver
Trockener Weißwein
Essig
Salz und Pfeffer
Olivenöl

Portionen: 4
Vorbereitungszeit: 10′
Kochzeit: 30′
Schwierigkeitsgrad: ●
Geschmacksrichtung: ●●●
Kalorien (pro Portion): 361
Proteine (pro Portion): 37
Lipide (pro Portion): 15
Nährwert: ●

Den Thunfisch unter kaltem Wasser abbrausen, damit das Blut abläuft, und trockentupfen. Mit Knoblauchstückchen spicken und mit Salz, Pfeffer und Paprikapulver würzen. Die Zwiebeln häuten, in Spalten schneiden und mit 3-4 Esslöffel Öl in einer Deckelpfanne (möglichst aus Terrakotta) auf schwacher Flamme goldgelb dünsten. Nach 3-4 Minuten herausnehmen (und beiseite stellen) und den Thunfisch von beiden Seiten bei niedriger Hitze in dem Öl anbraten. Ein halbes Lorbeerblatt, ein Zweiglein Thymian und einen Esslöffel Essig hinzufügen. Die Zwiebeln wieder in die Pfanne geben und alles mit einem Glas Wein übergießen. Den Fisch in der Pfanne zugedeckt etwa 20 Minuten sacht kochen lassen.

Bacalao al pil-pil

Pikanter Kabeljautopf ☛ *Baskenland*

Den Kabeljau in Stücke schneiden, jedoch nicht die Haut abziehen; eventuell Gräten und Knorpel entfernen. Die Fischstücke zusammen mit den abgezogenen und zerdrückten Knoblauchzehen mit 8-10 Esslöffel Öl in einer großen Pfanne anbraten. Sobald der Knoblauch ein wenig Farbe annimmt, die Fischstücke und den Knoblauch herausnehmen und mit der Hälfte des Öls warm stellen. In dem verbliebenen Öl die fein gehackten Zwiebeln 5 Minuten glasig andünsten, dann die Fischstücke nebeneinander, mit der Haut nach unten, wieder hineinlegen und mit einem Teelöffel Paprikapulver bestreuen. Lauwarme Fischbrühe darüber gießen, so dass der Kabeljau fast ganz bedeckt ist. Die Flüssigkeit auf schwacher Flamme 15 Minuten lang erhitzen und die Pfanne ab und zu rütteln. Sobald die Brühe kocht, den bereitgestellten und inzwischen gehackten Knoblauch mit dem Öl und frisch gemahlenen Pfeffer hinzufügen. Weitere 5 Minuten kochen lassen. Den Kabeljau herausnehmen und auf einer Platte anrichten. Die pikante Sauce noch 5-6 Minuten eindicken lassen und zu dem Fisch reichen

800 eingeweichter Kabeljau
2 Zwiebeln
6 Knoblauchzehen
Paprikapulver
ca. 1 l Fischbrühe
(mit Brühwürfel)
Frisch gemahlener Pfeffer
Olivenöl

Portionen: 4
Vorbereitungszeit: 10′
Kochzeit: 35′
Schwierigkeitsgrad: ●●
Geschmacksrichtung: ●●●
Kalorien (pro Portion): 357
Proteine (pro Portion): 47
Lipide (pro Portion): 16
Nährwert: ●

BACALAO A LA VIZCAÍNA

Kabeljau mit Paprikasauce ☛ *Baskenland*

1

2

3

4

1 Eine halbe Stunde vorher die *pimientos choriceros* in kaltem Wasser einweichen. Die frischen Paprikaschoten waschen, trockentupfen, den Blütenstiel, die Kerne und die Rippen entfernen und die Schoten dann im Backofen rösten, bis die Schale schwarz wird. Herausnehmen, die Schale abziehen und die Schote in Streifen schneiden. Den eingeweichten Kabeljau in einen Topf mit kaltem Wasser, ohne Salz, legen und zum Kochen bringen. Dann sofort die Flamme ausschalten, den Kabeljau herausnehmen und in gleichmäßige Stücke schneiden (Gräten und Knorpel entfernen). Das Kochwasser aufheben.

2 Die Zwiebel häuten, hacken und mit 5-6 Esslöffel Öl in der Pfanne dünsten. Die entkernten und zerkleinerten Tomaten hinzufügen und 10 Minuten ziehen lassen. Die ausgedrückten *pimientos*, die Chilischote und zwei gehäufte Esslöffel Paniermehl dazugeben.

3 Zwei Schöpflöffel von dem Kabeljauwasser drüber gießen und den Sud eine Viertelstunde auf starker Flamme kochen lassen. Weitere 2 Schöpflöffel Flüssigkeit zugeben, die Flamme herunterdrehen und eine halbe Stunde köcheln lassen. Bei Bedarf Fischwasser zugießen.

4 Am Ende der Garzeit die Sauce im Mixer pürieren und durch ein feines Sieb treiben. Ein wenig von der Sauce in eine feuerfeste Terrakotta-Form geben, die Kabeljaustücke darauflegen und mit der restlichen Sauce bedecken (eventuell noch mit Fischwasser verdünnen). Die Paprikastreifen auf dem Kabeljau verteilen, die Form in den Backofen schieben und bei 200 °C 15 Minuten gratinieren. In der Zwischenzeit die Knoblauchzehen abziehen, blättrig schneiden und in 2-3 Esslöffel Öl rösten. Die Gratinform aus dem Ofen nehmen, den Kabeljau mit den Knoblauchscheibchen garnieren und auftragen.

800 g eingeweichter Kabeljau
10 *pimientos choriceros* (s. Text im Bild)
2 rote Paprikaschoten
2 reife Tomaten
1 Zwiebel
3 Knoblauchzehen
1 Chilischote
Paniermehl
Olivenöl

Portionen: 4
Vorbereitungszeit: 20′+30′
Kochzeit: 1h 30′
Schwierigkeitsgrad: ●●
Geschmacksrichtung: ●●●
Kalorien (pro Portion): 406
Proteine (pro Portion): 47
Lipide (pro Portion): 13
Nährwert: ●

Pimientos choriceros *sind, wie die* ñoras *(s. S. 49), in der Sonne getrocknete, milde Paprikaschoten, die vor dem Gebrauch eingeweicht werden. Ersatzweise kann man edelsüßes Paprikapulver (5-6 Teelöffel) verwenden.*

BESUGO A LA DONOSTIARRA

Geißbrasse vom Grill ☛ *Baskenland*

1 Geißbrasse, ca. 1 kg
5-6 Knoblauchzehen
1 Zitrone
1 frische Chilischote
Petersilie
Salz
Olivenöl

Portionen: 4
Vorbereitungszeit: 10'+1h
Kochzeit: 12'
Schwierigkeitsgrad: ●
Geschmacksrichtung: ●●●
Kalorien (pro Portion): 305
Proteine (pro Portion): 44
Lipide (pro Portion): 12
Nährwert: ●

Den geschuppten und ausgenommenen Fisch unter fließendem Wasser abbrausen und innen und außen trockentupfen, außen und inwendig leicht mit Salz einreiben und ca. eine Stunde ruhen lassen. Den Fisch dann auf dem Backofengrill oder vorzugsweise auf Holzglut garen. Nach 5-6 Minuten umdrehen und von beiden Seiten mit Öl bepinseln. Den gehackten Knoblauch mit einem halben Glas Öl goldgelb rösten, vom Feuer nehmen, den Zitronensaft unterrühren, die Chilschote und gehackte Petersilie zufügen und die köstliche Tunke zu dem Fisch reichen.

BOGAVANTE A LA GALLEGA

Hummerpfanne ☛ *Galicien*

1

2

1 Hummer, 1-1,2 kg
1 Zwiebel
2 Knoblauchzehen
1 reife Tomate
Lorbeer
Paprikapulver
Trockener Weißwein
Salz und Pfeffer
Olivenöl

Portionen: 4	
Vorbereitungszeit: 20′	
Kochzeit: 25′	
Schwierigkeitsgrad: ●●	
Geschmacksrichtung: ●●●	
Kalorien (pro Portion): 349	
Proteine (pro Portion): 37	
Lipide (pro Portion): 13	
Nährwert: ●●	

1 Den Hummer waschen, den Panzer aufknacken und das Fleisch herauslösen (Darm entfernen). Nochmals abbrausen und in gleichmäßige, ca. einen Zentimeter dicke Scheiben schneiden. Die Bein- und Scherenpanzer aufknacken und das Fleisch herauslösen. Die Ziebel häuten, mit der abgezogenen Knoblauchzehe hacken und mit 4-5 Esslöffel Öl in der Pfanne (möglichst eine Deckelpfanne aus Terrakotta) glasig dünsten. Nach 5 Minuten die entkernte und gewürfelte Tomate und das Hummerfleisch aus den Beinen und Scheren zugeben, die Flamme ein wenig höher drehen und unter Umrühren alles durchziehen lassen.

2 Nach 5 Minuten die Hummerscheiben, ein Lorbeerblatt und einen Teelöffel Paprikapulver zufügen und wieder umrühren. Ein Glas Weißwein darübergießen und teilweise verdunsten lassen. Die Flamme auf kleinste Stufe stellen, mit Salz und Pfeffer abschmecken, die Pfanne zudecken und 12 Minuten sacht garen lassen. Den Hummer auf einer Platte anrichten, mit der Tomatensauce bedecken und vor dem Auftragen ein wenig abkühlen lassen.

CALAMARES EN SU TINTA

Kalmare in Tintensauce ☛ *Baskenland*

Fischer in Ondárroa, einem kleinen Fischerhafen im Baskenland.

1 Die Kalmare zurichten, d.h. den Knorpel, die Innereien, die Augen und den Mundapparat entfernen, und 4-5 Tintenblasen zurückbehalten. Die Kalmare innen und außen gut abbrausen und die äußere dünne Haut abziehen. Die seitlichen "Flügel" von den Säcken abschneiden und zusammen mit den Tentakeln und dem, was vom Kopf übrig geblieben ist, hacken. 4-5 Esslöffel Paniermehl und eine fein gewiegte Knoblauchzehe unter das Gehackte mischen. Mit dieser Farce nun die Säcke füllen und mit Zahnstochern feststecken.

2 Die farcierten Kalmare leicht in Mehl wenden, abklopfen und in 5-6 Esslöffel Öl goldgelb frittieren. Herausnehmen und auf Küchenkrepp abtropfen lassen. Anschließend in eine Terrakotta-Kasserolle legen.

1

3 Das Öl, in dem die Kalmare gebacken wurden, wegschütten. 4-5 Esslöffel frisches Öl in die Pfanne geben und darin die fein gehackte Zwiebel und die andere Knoblauchzehe glasig werden lassen. Das Tomatenpüree, ein Lorbeerblatt, die Chilischote, ein Glas Wein, Salz und Pfeffer hinzufügen. Die Sauce 5-6 Minuten eindicken lassen und dann über die Kalmare gießen.

2

4 Die Kasserolle zudecken und bei schwacher Hitze etwa eine halbe Stunde garen lassen. Bei Bedarf warmes Wasser zugießen und eventuell nachsalzen. Ein paar Minuten vor Ende der Garzeit die Tintenblasen in einem Schüsselchen öffnen, die Tinte mit einem Tropfen Wein verdünnen und in die Kasserolle geben. Vorsichtig umrühren, durchziehen lassen. Vor dem Auftragen das Gericht mit gehackter Petersilie bestreuen.

1 kg Kalmare
(klein bis mittelgroß)
1 Zwiebel
2 Knoblauchzehen
1 dl Tomatenpüree
1 frische Chilischote
Lorbeer, 1 Zweig Petersilie
50 g Mehl
Paniermehl
Trockener Rotwein
Salz und Pfeffer
Olivenöl

Portionen: 4
Vorbereitungszeit: 30′
Kochzeit: 50′
Schwierigkeitsgrad: ●●
Geschmacksrichtung: ●●●
Kalorien (pro Portion): 437
Proteine (pro Portion): 36
Lipide (pro Portion): 15
Nährwert: ●●

3

4

"CAP ROIG" CON SALSA DE AJO

Drachenkopf mit Knoblauchsauce ☛ *Katalonien*

1 Drachenkopf, ca. 1,2 kg
3-4 Knoblauchzehen
Fischbrühe (mit Brühwürfel)
1 Sträußchen Petersilie
Trockener Weißwein
Salz
Olivenöl

Portionen: 4
Vorbereitungszeit: 10'+30'
Kochzeit: 30'
Schwierigkeitsgrad: ●
Geschmacksrichtung: ●●
Kalorien (pro Portion): 347
Proteine (pro Portion): 38
Lipide (pro Portion): 15
Nährwert: ●

Den Fisch zurichten, das heißt, schuppen (Vorsicht bei den Kammspitzen), ausnehmen und sowohl innen als auch außen gründlich abbrausen. Mit Salz einreiben und eine halbe Stunde ruhen lassen. Eine feuerfeste Form ölen, den Fisch hineinlegen und mit einem vollen Glas Brühe und einem halben Glas Wein begießen. Die Form in die Backröhre schieben und bei 180 °C eine knappe halbe Stunde garen lassen. Die abgezogenen und blättrig geschnittenen Knoblauchzehen in einem halben Glas Öl goldgelb werden lassen die gehackte Persilie zufügen. Den Fisch herausnehmen, abtropfen lassen und mit Zitronenspalten anrichten. Dazu die Gewürzsauce reichen.

Platzcafés und Restaurants vor dem Palau del Mar, Sitz des Historischen Museums von Katalonien (Barcelona).

ca. 1 kg Fischallerlei (küchenfertig) (Glatthai, Zackenbarsch, Knurrhahn, Seeschwalbenfisch usw.)
2 Zwiebeln
3 reife Tomaten
2 Paprikaschoten
4 Knoblauchzehen
Lorbeer, Petersilie, Thymian und Safran
Salz und frisch gemahlener Pfeffer
Essig
Olivenöl

Portionen: 4
Vorbereitungszeit: 20′
Kochzeit: 30′
Schwierigkeitsgrad: ●●
Geschmacksrichtung: ●●●
Kalorien (pro Portion): 323
Proteine (pro Portion): 41
Lipide (pro Portion): 13
Nährwert: ●

ENCEBOLLADO DE PESCADO

Fischeintopf mit Zwiebeln ☛ *Kanarische Inseln*

Die Fische schuppen, ausnehmen, abbrausen, trockentupfen und in Stücke schneiden (Kopf, Schwanz und Flossen abschneiden). Alles in Salzwasser langsam zum Kochen bringen. Nach 8 Minuten abgießen. Die Zwiebeln fein hacken und in 5-6 Esslöffel Öl glasig dünsten. Die entkernten (auch Rippen entfernen) und in Stücke geschnittenen Paprikaschoten zusammen mit einem Lorbeerblatt, je einem Zweiglein Petersilie und Thymian und einer Teelöffelspitze Safran, und danach die klein geschnittenen Tomaten hinzufügen. Während die Tomaten sacht garziehen, den abgezogenen Knoblauch im Mörser zerstoßen, eine Prise Salz und frisch gemahlenen Pfeffer zufügen und mit einem Esslöffel Essig verrühren. Die Paste in den Fischsud in die Kasserole geben und alles unter Umrühren 2-3 Minuten ziehen lassen. Jetzt den Fisch hineinlegen und 5-6 Minuten in der Sauce unter vorsichtigem Wenden mit durchziehen lassen. Sofort servieren.

Die wüstenartige Landschaft des Nationalparks von Timanfaya. Lanzarote, Kanarische Inseln.

JIBIAS CON SETAS

Sepien mit Pilzen ☛ *Katalonien und Levante*

1 kg Sepien
500 g Steinpilze (oder Pfifferlinge)
2 Zwiebeln
5 Knoblauchzehen
2,5 dl Tomatenfleisch
Geschälte und geröstete Mandeln (ca. ein Dutzend)
1 rote Chilischote
Trockener Weißwein
Salz
Olivenöl

Portionen: 4
Vorbereitungszeit: 25'
Kochzeit: 1h 10'
Schwierigkeitsgrad: ●●
Geschmacksrichtung: ●●
Kalorien (pro Portion): 397
Proteine (pro Portion): 42
Lipide (pro Portion): 14
Nährwert: ●

1 Die Sepien zurichten, das heißt, den Knochen, die Innereien, die Augen und den Mundapparat sowie die Tintenblasen entfernen. Die Sepien innen und außen gründlich abbrausen, die äußere dünne Haut abziehen und die Säcke in Streifen schneiden. Die Zwiebeln häuten, in Stücke schneiden und mit 6-8 Esslöffel Öl in einer Kasserolle (möglichst aus Terrakotta) goldgelb werden lassen. Das Tomatenfleisch und die Chilischote im Ganzen hineingeben und etwa zehn Minuten ziehen lassen. Die Sepien zufügen, mit Salz abschmecken und mit warmem Wasser bedecken. Den Deckel auf den Topf geben und das Gericht eine halbe Stunde schmoren lassen. In der Zwischenzeit die Pilze abschaben und mit einem feuchten Tüchlein abwischen (nicht mit Wasser waschen). In kleine Stücke schneiden, zu den Sepien geben und zusammen eine Viertelstunde weiterkochen lassen.

2 Die Mandeln im Backofen rösten und mit dem abgezogenen Knoblauch im Mörser stoßen. Die Paste mit einem halben Glas Wein verlängern und zu den kochenden Sepien geben, noch einmal umrühren, eventuell nachsalzen und zugedeckt (etwa weitere zehn Minuten) zu Ende garen lassen.

MARMITAKO

Thunfisch mit Kartoffeln und Paprika ☛ *Baskenland*

700 g frischer Thunfisch (eine Scheibe)
800 g mehlige Kartoffeln
1 Zwiebel
4 Knoblauchzehen
2 Paprikaschoten
4-5 reife Tomaten
1 Chilischote
Paprikapulver
1 Zitrone
2,5 dl trockener Weißwein
Salz und Pfeffer
Olivenöl

Portionen: 4-6
Vorbereitungszeit: 20′
Kochzeit: 40′
Schwierigkeitsgrad: ●●
Geschmacksrichtung: ●●●
Kalorien (pro Portion): 501
Proteine (pro Portion): 32
Lipide (pro Portion): 14
Nährwert: ●

Den Thunfisch mit kaltem Wasser abbrausen, sodass das Blut abläuft. Trockentupfen und in kleine Portionsstücke schneiden, mit Zitronensaft beträufeln, salzen und pfeffern und alles ruhen lassen. Das Gemüse waschen und küchenfertig vorbereiten. Die gehackte Zwiebel in einer Deckelpfanne mit 6-7 Esslöffel Öl glasig werden lassen, den abgezogenen Knoblauch und die in Streifen geschnittenen Paprikaschoten hinzufügen und 5 Minuten ziehen lassen. Dann auch die Tomatenwürfel, die frische Chilischote, eine Prise Salz und Pfeffer und einen Teelöffel Paprikapulver zugeben. Die Pfanne zudecken und 10 Minuten köcheln lassen. In der Zwischenzeit die Kartoffeln schälen, in Würfel schneiden, zu dem Schmorgemüse geben und etwa 20 Minuten köcheln lassen. Zum Schluss den Thunfisch hineinlegen, vorsichtig umrühren und das Gericht bei offener Pfanne weitere 5-6 Minuten kochen lassen. Eventuell nachsalzen. Sofort servieren.

Merluza a la Kotxkera

Gebackener Kabeljau mit Spargel ☛ *Baskenland*

4 Scheiben Kabeljau (900 g)
2 Dutzend Spargelstangen (möglichst kleine)
100 g frische Erbsen
6 Knoblauchzehen
4 Eier
Petersilie
50 g Mehl
Trockener Weißwein
Salz und Pfeffer
Olivenöl

Portionen: 4-6
Vorbereitungszeit: 25'
Kochzeit: 50'
Schwierigkeitsgrad: ●●
Geschmacksrichtung: ●●
Kalorien (pro Portion): 512
Proteine (pro Portion): 43
Lipide (pro Portion): 24
Nährwert: ●●

1

1 Den Spargel gut waschen, zusammenbinden und aufrecht in einem hohen Topf mit Wasser eine Viertelstunde garkochen (das Wasser muss den unteren weißen Teil des Spargels ganz bedecken). Herausnehmen, mit kaltem Wasser abschrecken, losbinden und die grünen Spargelspitzen abschneiden (die unteren weißen Abschnitte wegtun). Das Kochwasser aufheben. In der Zwischenzeit die Eier hart kochen (7 Minuten), unter kaltem Wasser abschrecken und pellen. Die Kabeljauscheiben einschneiden und den Mittelknochen herauslösen, wieder zusammenschieben, leicht salzen und eine Viertelstunde ruhen lassen. Die Erbsen in Salzwasser 7-8 Minuten abkochen, abgießen und das Kochwasser aufheben.

2 Die Kabeljauscheiben von beiden Seiten in Mehl wenden, abklopfen und in einer Pfanne mit 5 Esslöffel Öl geldgelb backen.

Das Meer in San Sebastián, der Hauptstadt der baskischen Provinz Guipúzcoa.

3 Den gehackten Knoblauch und den Wein, dann das filtrierte Erbsen- und Spargelwasser nach und nach zugießen und die Sauce auf kleiner Flamme ca. 15 Minuten eindicken lassen, bis sie sämig geworden ist. Damit der Fisch nicht ansetzt, die Pfanne ab und zu vorsichtig rütteln, den Fisch aber nicht mit dem Kochlöffel oder anderen Küchengeräten berühren.

4 Die abgetropften Erbsen hinzufügen und kurz mit durchziehen lassen. Die Kabeljauscheiben mit der cremigen Sauce und den Erbsen, den Spargelspitzen und hartgekochten Eierscheiben auf einer Platte anrichten und vor dem Auftragen mit gehackter Petersilie bestreuen.

MEJILLONES RELLENOS

Farcierte Muscheln ☛ *Levante*

1 kg Miesmuscheln
2 Paprikaschoten
1 Zwiebel
1 Knoblauchzehe
Petersilie
Trockener Weißwein
Salz und Pfeffer
Olivenöl

Portionen: 4
Vorbereitungszeit: 25'
Kochzeit: 20'
Schwierigkeitsgrad: ●
Geschmacksrichtung: ●●
Kalorien (pro Portion): 273
Proteine (pro Portion): 19
Lipide (pro Portion): 13
Nährwert: ●

Die Muscheln abkratzen, den "Bart" zwischen den Schalen abreißen, gut waschen, aber nicht trockentupfen. Die Paprikaschoten putzen, d.h. Kerne und Rippen entfernen, abbrausen, in feine Streifen oder kleine Würfel schneiden und mit 3-4 Esslöffel Öl, dem blättrig geschnittenen Knoblauch und den Zwiebelstreifchen sacht dünsten.
Nach 3-4 Minuten die Muscheln, ein Glas Wein und ein paar Blättchen Petersilie hinzufügen. Die Pfanne zudecken und etwa zehn Minuten kochen lassen, bis die Muscheln sich geöffnet haben. Die Pfanne von der Herdstelle nehmen. Die Muscheln herausnehmen und auf einer Platte anrichten (die leeren Schalen wegtun). Den in der Pfanne verbliebenen Gemüsesud filtrieren. Mit den festen Bestandteilen esslöffelweise die Muschelhälften füllen. Mit der filtrierten Flüssigkeit - eventuell nachsalzen und mit frisch gemahlenem Pfeffer würzen - die Muscheln beträufeln.
Die Muscheln mit gehackter Petersilie bestreuen und bei Zimmertemperatur servieren. Ein einfaches Hauptgericht, das besonders für den Sommer geeignet ist, aber auch eine appetitanregende Vorspeise, zu der man einen ausgezeichneten trockenen Weißwein reichen sollte.

PEZ ESPADA A LA MALAGUEÑA

Schwertfisch im Gemüsebett ☛ *Andalusien*

Die Zwiebel häuten und grob hacken. Die Paprikaschote und die Tomaten waschen, Kerne und Rippen entfernen und in kleine Stücke schneiden. Das Gemüse zusammen mit dem gehackten Knoblauch, dem Lorbeer, den Gewürznelken und 4-5 Pfefferkörnern mit 5 Esslöffel Öl in eine breite Deckelpfanne geben und den leicht gesalzenen Schwertfisch darauflegen.
Bei mittlerer Hitze anrösten, ein volles Glas Wein darüber gießen, zum Kochen bringen, den Deckel auflegen, die Flamme herunterdrehen und knapp zwanzig Minuten köcheln lassen, bis der Fisch gar ist. Die Scheibe herausnehmen und auf einer runden Platte anrichten. Mit Petersilie bestreuen und das Gemüse wie einen Kranz um den Fisch legen.

1 Scheibe Schwertfisch, ca. 900 g
1 Zwiebel
4-5 Knoblauchzehen
1 grüne Paprikaschote
2 reife Tomaten
1 Lorbeerblatt
2 Gewürznelken
Trockener Weißwein
Petersilie
Salz und Pfefferkörner
Olivenöl

Portionen: 4
Vorbereitungszeit: 15′
Kochzeit: 20′
Schwierigkeitsgrad: ●
Geschmacksrichtung: ●●●
Kalorien (pro Portion): 430
Proteine (pro Portion): 49
Lipide (pro Portion): 17
Nährwert: ●

1 kg Tintenfische (klein bis mittelgroß)
2 mittelgroße Zwiebeln
3 Knoblauchzehen
Petersilie
Trockener Weißwein
Grobes Salz
Essig
Olivenöl

Portionen:	**4**
Vorbereitungszeit:	**20′**
Kochzeit:	**45+20′**
Schwierigkeitsgrad:	**●●**
Geschmacksrichtung:	**●●**
Kalorien (pro Portion):	**308**
Proteine (pro Portion):	**28**
Lipide (pro Portion):	**2**
Nährwert:	**●**

PULPOS CANARIOS

Geschmorter Tintenfisch mit Zwiebeln

☛ *Kanarische Inseln*

1 Die Tintenfische zurichten, den Sack umstülpen, die Innereien herausnehmen und Schnabel und Augen entfernen. Gründlich abbrausen, in Stücke schneiden und mit grobem Salz einreiben. Die abgezogenen und blättrig geschnittenen Knoblauchzehen, die Zwiebelringe und die von dem groben Salz befreiten Tintenfischstücke in eine Kasserolle (möglichst aus Terrakotta, mit Deckel) geben, mit kaltem Wasser bedecken und einen Esslöffel voll Öl und 2 Esslöffel Essig zufügen.

2 Die Herdstelle auf kleinste Stufe stellen, den Topf zudecken und alles zum Kochen bringen. Dann den Schaum abheben und ein Glas Wein zugießen. Wieder zudecken und etwa eine Dreiviertelstunde sacht kochen lassen. Die Flamme ausschalten und die Fischstücke in ihrem Kochwasser erkalten lassen. Dadurch werden sie besonders zart. Herausnehmen und auf einer Platte anrichten, reichlich mit gehackter Petersilie bestreuen. Als Beilage gekochte Kartoffelscheiben oder *papas arrugadas* (s. S. 110) dazu servieren.

RAPE EN SALSA DE ALMENDRAS

Froschfisch in Mandelsauce ☛ *Katalonien*

1 Die Mandeln abziehen und (4-5 Minuten) in salzlosem kochendem Wasser brühen. Abtropfen lassen und trockentupfen. Die Fischscheiben von beiden Seiten leicht in Mehl wenden, das überschüssige Mehl abklopfen und in einer Pfanne mit 6 Esslöffel Öl nacheinander goldgelb ausbacken. Abtropfen lassen und in eine feuerfeste Form legen. In dem restlichen Öl die Mandeln, das in Stücke geschnittene Brot und die abgezogenen Knoblauchzehen rösten, bis diese ein wenig Farbe angenommen haben. Alles herausnehmen, abtropfen lassen, in einen Mixer geben und zusammen mit einem Zweig Petersilie fein pürieren. In eine Terrine füllen und den Safran einrühren. Ein halbes Glas Wein zufügen, damit eine Art Paste entsteht.

2 In dem in der Pfanne verbliebenen Öl (eventuell nachgießen) die gehackte Zwiebel glasig dünsten. Die Mandelpaste hinzufügen und bei schwacher Hitze unter ständigem Rühren vorsichtig darunterheben. Nach 5-6 Minuten einen Deziliter Fischbrühe (oder warmes Wasser) zugießen und verrühren. Mit Salz und Pfeffer abschmecken. Die Sauce über die Fischscheiben gießen. Die Form in die Backröhre schieben und bei 180 °C 15 Minuten garen lassen. Sofort servieren.

800 g Froschfisch (Scheiben)
1 Zwiebel
2 Knoblauchzehen
1 Scheibe hausbackenes Brot (ohne Kruste)
Abgezogene Mandeln (zwei Dutzend)
Petersilie
Safran
ca. 40 g Mehl
Fischbrühe (mit Brühwürfel)
Trockener Weißwein
Salz und Pfeffer
Olivenöl

Portionen: 4
Vorbereitungszeit: 15′
Kochzeit: 30′ ca.
Schwierigkeitsgrad: ●●
Geschmacksrichtung: ●●
Kalorien (pro Portion): 478
Proteine (pro Portion): 38
Lipide (pro Portion): 19
Nährwert: ●

SANCOCHO CANARIO

Seebarsch mit Kartoffeln ☛ *Kanarische Inseln*

700 g Seebarschfilet
600 g (kleine) Kartoffeln
2 Knoblauchzehen
1 Chilischote
Kümmel
Paprikapulver
Salz
Essig

Portionen: 4	
Vorbereitungszeit: 20′	
Kochzeit: 20′	
Schwierigkeitsgrad: ●●	
Geschmacksrichtung: ●●●	
Kalorien (pro Portion): 265	
Proteine (pro Portion): 33	
Lipide (pro Portion): 2	
Nährwert: ●	

1 Für die gewünschte Menge Seebarschfilet wird ein Fisch von ca. 1-1,2 kg benötigt. Den Fisch vom Händler zurichten und filetieren lassen, sodass portionsgerechte Filets zur Verfügung stehen. Die Kartoffeln schälen (neue Kartoffeln nur waschen), in Scheiben schneiden (sehr kleine Kartoffeln ganz lassen) und in einer Kasserolle mit kaltem Salzwasser aufsetzen. Zum Kochen bringen, den Topf zudecken und 10 Minuten kochen lassen. Die Fischfilets hineinlegen, die Flamme herunterdrehen und weitere 10 Minuten köcheln lassen. Dann die Filets und die Kartoffeln mit dem Schaumlöffel herausnehmen, auf einer Platte anrichten und warm stellen. Das Kochwasser nicht wegkippen.

2 Den Knoblauch mit einer Prise Salz, der Chilischote und je einer Teelöffelspitze Kümmel und Paprikapulver im Mörser zerstoßen. Die Masse in eine Terrine geben und 2 Esslöffel Essig, 2-3 gekochte und mit der Gabel zerdrückte Kartoffelstücke und soviel von der Kochflüssigkeit unterrühren, dass eine geschmeidige, jedoch nicht zu flüssige Sauce entsteht. Die Filets und die Kartoffeln mit ein wenig Sauce anrichten, und den Rest in einer Sauciere dazu reichen.

1

2

TRUCHAS A LA ZAMORANA

Forelle "blau" ☛ *Kastilien und León*

4 küchenfertige Forellen (Portionsfische je 250 g, insgesamt 1 kg)
2-3 Knoblauchzehen
1 Bund Petersilie
Roter Weinessig
Gekochte neue Kartoffeln (als Beilage)
Salz und Pfefferkörner
Olivenöl

Portionen: 4
Vorbereitungszeit: 10'+30'
Kochzeit: 15' ca.
Schwierigkeitsgrad: ●●
Geschmacksrichtung: ●●
Kalorien (pro Portion):512
Proteine (pro Portion): 49
Lipide (pro Portion): 26
Nährwert: ●

Die Forellen schuppen, ausnehmen, abbrausen und trockentupfen, innen und außen leicht salzen und eine halbe Stunde an einem kühlen Ort ruhen lassen. Einen Fischkochtopf (oder eine große Deckelpfanne mit hohem Rand) mit eineinhalb Liter kaltem Wasser füllen, 3-4 Esslöffel Öl, 2 Esslöffel Essig, die abgezogenen und zerdrückten Knoblauchzehen, die Petersilie und 4-5 Pfefferkörner hineingeben. Zum Kochen bringen, die Forellen hineingeben (je zwei auf einmal, wenn der Topf für alle vier nicht reicht, oder in zwei Töpfen, wenn alle Tischgäste gleichzeitig bedient werden sollen), wieder aufkochen und dann die Flamme auf kleinste Stufe herunterdrehen. Den Topf zudecken und die Fische 7-8 Miuten köcheln lassen.
Die Forellen in der Brühe kurz abkühlen lassen und mit Petersilienkartoffeln servieren.

TUMBET DE PESCADO

Fisch mit Gemüsecreme ☛ *Balearen*

700-800 g Zackenbarschfilets (oder ein anderer Weißfisch)
500 g Kartoffeln
2 Auberginen
2 Paprikaschoten (rot und gelb)
1 Zwiebel
1 Knoblauchzehe
2-3 reife Tomaten
1 Zitrone
Lorbeer und Zimtpulver
Zucker
40 g Mehl
Trockener Weißwein
Frittieröl
Olivenöl
Grobes Salz
Salz und Pfeffer

Portionen: 4
Vorbereitungszeit: 20'+30'
Kochzeit: 1h 15'
Schwierigkeitsgrad: ●●●
Geschmacksrichtung: ●●
Kalorien (pro Portion): 830
Proteine (pro Portion): 43
Lipide (pro Portion): 37
Nährwert: ●●●

1

2

1 Das Gemüse küchenfertig vorbereiten, die Kartoffeln schälen, die Auberginen in Scheiben schneiden, auf einem Teller aufschichten, mit grobem Salz bestreuen, zudecken und beschweren, damit der bittere Gemüsesaft austreten kann. Die Paprikaschoten im Backofen grillen, die geröstete Haut abziehen und das Paprikafleisch in Streifen schneiden. Die Fischfilets in eine feuerfeste Form legen, leicht salzen und mit Zitronensaft, einem Guss Öl und einem Glas Wein beträufeln. Die Form in die Backröhre schieben und bei 200 °C 10 Minuten garen. Dann herausnehmen und die in der Form verbliebene Flüssigkeit aufheben.

2 Die in Scheiben geschnittenen Kartoffeln mit 4-5 Esslöffel Öl 2-3 Minuten sautieren, dann die Pfanne zudecken, die Flamme herunterschalten und sacht kochen lassen, bis sie "bissfest" gegart sind (aufpassen, dass sie nicht ansetzen). Die Auberginenscheiben abbrausen, trockentupfen, kurz in Mehl wenden und in reichlich siedendem Öl gleichmäßig goldgelb frittieren, mit dem Schaumlöffel herausnehmen und auf Küchenkrepp abtropfen lassen.

Rast in einem typischen Lokal an einem Strand von Formentera, der kleinsten Insel der Balearen.

3 Die Zwiebel und den Knoblauch fein hacken und in einer Kasserolle mit 5-6 Esslöffel Öl glasig dünsten. Die zerkleinerten Tomaten, ein Lorbeerblatt, einen halben Teelöffel Zimt, einen knappen Teelöffel Zucker, Salz und Pfeffer zufügen. Die Flüssigkeit aus der feuerfesten Form hineingeben und etwa zehn Minuten köcheln lassen. Den Gemüsesud durchsieben und die festen Bestandteile im Mixer pürieren, sodass eine ziemlich dickflüssige Creme entsteht.

4 Eine geölte feuerfeste Form mit Kartoffelscheiben auslegen, die Fischfilets darauflegen und die gebackenen Auberginenscheiben und die Paprikastreifen darüber verteilen. Alles so oft wiederholen, bis die Zutaten verbraucht sind. Zum Schluss das Gericht mit der Gemüsecreme bedecken (s. Arbeitsschritt 3). Die Form in die Backröhre schieben und bei 180 °C 15 Minuten gratinieren.

3

4

TXANGURRO

Gefüllte Meerspinne ☛ *Baskenland*

4 fangfrische Meerspinnen (eine Krabbenart) je ca. 500 g (oder 2-3 größere)
1 Zwiebel
1 dl Tomatenpüree
1 Strauß Petersilie
1 frische Chilischote
Paniermehl
Trockener Weißwein
Salz und Pfeffer
30 g Butter (nach Belieben)
Olivenöl

Portionen:	**4**
Vorbereitungszeit:	**25'**
Kochzeit:	**40' ca.**
Schwierigkeitsgrad:	**●●●**
Geschmacksrichtung:	**●●**
Kalorien (pro Portion):	**439**
Proteine (pro Portion):	**36**
Lipide (pro Portion):	**19**
Nährwert:	**●●**

1

2

1 Die Meerspinnen gründlich waschen und in einem Topf mit siedendem Salzwasser eine Viertelstunde abkochen. Herausnehmen, abtropfen lassen und in einer Schüssel mit kaltem Wasser abschrecken. Die Meerspinnen so auf eine Arbeitsplatte legen, dass der Bauch der Krabben der hantierenden Person zugewandt ist. Dann die Beine nacheinander mit einer festen Drehung abreißen, aufbrechen und das Fleisch herauslösen.

2 Die Finger oder eine Messerklinge in die Einkerbung der Schale einführen und den Bauchpanzer vom Rückenpanzer trennen. Den Darmtrakt und die anderen Innereien entfernen. Sowohl das dunkle als auch das weiße Fleisch aus der Schale lösen. Den oberen Panzerteil der Meerspinnen zum Anrichten aufheben.

3 Die Zwiebel häuten, fein hacken und mit 4 Esslöffel Öl glasig dünsten. Das dunkle Meerspinnenfleisch, ein Glas Wein, das Tomatenpüree, die gehackte Petersilie, die Chilischote, Salz und Pfeffer hinzufügen. Alles eine Viertelstunde köcheln lassen, bei Bedarf ein wenig warmes Wasser zugießen.

4 Das weiße Meerspinnenfleisch hineingeben, umrühren und kurz durchziehen lassen, dann den Topf von der Herdstelle nehmen. Die zurückgehaltenen Panzerhälften mit dem Krabbensud füllen und mit Paniermehl bestreuen. Ein Butterflöckchen oder einen kleinen Guss Öl daraufgeben, 5 Minuten im Backofengrill gratinieren und sofort servieren. Sollte das Krabbenfleisch nicht ausreichend sein (manchmal hängt dies von der Jahreszeit ab) kann man pro Person ein zuvor gebrühtes Seezungenfilet zufügen.

In der herrlichen Bucht von San Sebastián liegen die bekanntesten Luxusstrände von Spanien.

3
4

ZARZUELA

Bunte Meeresfrüchtepfanne ☛ *Levante*

- 1 Languste (oder 1 Hummer), 1 kg
- 1 Dutzend Jakobsmuscheln
- 1 Dutzend frische Scampi
- 500 g Miesmuscheln
- 500 g Venusmuscheln
- 100 g magerer roher Schinken (am Stück)
- 6-7 reife Tomaten
- 3 Zwiebeln
- 2 Paprikaschoten
- 2 Knoblauchzehen
- 1 Zitrone
- 100 g abgezogene Mandeln
- 1 Tütchen Safran
- 1 Gewürzsträußchen (Lorbeerblatt, Petersilie und Thymian) plus ein Sträußchen Petersilie
- Trockener Weißwein
- Salz und Pfeffer
- Olivenöl

Portionen: 6-8
Vorbereitungszeit: 30′
Kochzeit: 40′
Schwierigkeitsgrad: ●●
Geschmacksrichtung: ●●●
Kalorien (pro Portion): 587
Proteine (pro Portion): 63
Lipide (pro Portion): 23
Nährwert: ●●

Die Miesmuscheln (s. S. 80), die Venusmuscheln und die Jakobsmuscheln säubern; aus letzteren die "Nuss" herauslösen (s. S. 20). Die Languste in Salzwasser abkochen. Den Rückenschild aufknacken, das Fleisch herauslösen und den Darm entfernen. Das Gemüse putzen und waschen. Knoblauch und Zwiebel fein hacken und mit 8-10 Esslöffel Öl in einer Pfanne beziehungsweise einer *paellera* (s. S. 54) glasig dünsten. Die fein gehackten Paprikaschoten und den in Streifchen geschnittenen Schinken zufügen. Die Scampi abrausen, abtupfen und mit 2-3 Esslöffel Öl (5 Min.) in der Pfanne sautieren. Dann die klein geschnittenen Tomaten, 2 Glas Wein, den Zitronensaft, das Gewürzsträußchen und die fein gewiegten Mandeln hineingeben. Mit Salz und Pfeffer abschmecken. Alles 5 Min. durchkochen, dann den in etwas Wasser aufgelösten Safran, die Venusmuscheln, die Miesmuscheln, die "Nüsse" der Jakobsmuscheln, das in Stücke geschnittene Langustenfleisch und die Scampi in die Pfanne (*paellera*) geben. Umrühren, die Flamme herunterdrehen und alles etwa zehn Minuten garziehen lassen. Die Flüssigkeit eindicken lassen, das Gewürzsträußchen herausnehmen, mit gehackter Petersilie bestreuen und servieren.

Was bedeutet zarzuela? Mit diesem Namen bezeichnet man im Allgemeinen eine iberische Musikvorstellung in der Art der* opéra comique*, die im 18. Jahrhundert aufkam. Die Bezeichnung geht auf einen Palast in Madrid zurück, der La Zarzuela heißt, nach den wilden Brombeersträuchern (*zarzas*), die an diesem Ort wucherten. Die zarzuela war traditionell eine Verbindung von Liedern und Volkstänzen, Arien und Rezitativen, deklamierter Prosa und musikalischen Intermezzos. Kurz, ein Cocktail aus vielen Darbietungen und Farben: genau wie unser köstliches Gericht.

EIER TORTILLAS UND GEMÜSE

Die reiche Auswahl an köstlichen Rezepten auf der Grundlage von Eiern - von piperrada *bis* huevos a la flamenca, *von* revueltos *bis* tortillas *- zeugt von den lebendig gebliebenen Bauerntraditionen in der iberischen Küche, während die Gemüsebeilagen einmal mehr das Genuine und Liebenswerte der spanischen Tafel betonen.*

5

HUEVOS A LA FLAMENCA

Eier-Gemüse-Auflauf ☛ *Andalusien*

8 Eier
100 g roher Schinken (am Stück)
100 g *Chorizo*-Wurst (s. S. 60)
4 reife Tomaten
100 g frische Erbsen
2 Artischocken
16 Spargelspitzen (auch tiefgefroren, nach Belieben)
1 Zwiebel
1 Knoblauchzehe
1 Chilischote
Petersilie
Salz und Pfeffer
Olivenöl

Portionen: 4
Vorbereitungszeit: 20′
Kochzeit: 40′
Schwierigkeitsgrad: ●●
Geschmacksrichtung: ●●●
Kalorien (pro Portion): 637
Proteine (pro Portion): 35
Lipide (pro Portion): 48
Nährwert: ●●●

1 Die Erbsen in Salzwasser 7-8 Minuten abkochen, abgießen, abtropfen lassen und beiseite stellen. Die Artischocken putzen, den Stiel und die harten äußeren Blätter entfernen, etwa 10 Minuten in Salzwasser kochen, herausnehmen und umgekehrt auf Küchenkrepp abtropfen lassen. Die Zwiebel und den Knoblauch fein hacken und mit 6 Esslöffel Öl und dem klein gewürfelten Schinken in der Pfanne anrösten. Die gewaschenen, entkernten und klein geschnittenen Tomaten dazugeben. Mit Salz und Pfeffer abschmecken und auf kleiner Flamme etwa eine Viertelstunde köcheln lassen.

2 Das Gemüse in vier leicht geölte Portionsformen füllen und glattstreichen. Darauf je zwei Eier aufschlagen, möglichst, ohne den Dotter zu verletzen. Dann die Erbsen, Paprikastreifchen, die *Chorizo*-Wurstscheiben, die in feine Spalten geschnittenen Artischocken und, je nach Belieben, die Spargelspitzen rund um die Eier verteilen. Mit Salz und gehackter Petersilie bestreuen und die Formen im Backofen 10 Minuten bei 180 °C gratinieren. Den herzhaften Auflauf sofort heiß servieren.

2

1

HUEVOS A LA VASCA

Eier mit Spargel ☛ *Baskenland*

1

2

8 Eier
1 Dutzend Spargelstangen (nicht zu dick)
100 g frische Erbsen
4 Knoblauchzehen
3 Schalotten
Petersilie
Mehl
Gemüsebrühe (mit Brühwürfel oder Granulat)
3 Scheiben hausbackenes, geröstetes Brot (Serviervorschlag)
Salz und Pfeffer
Olivenöl

1 Den Spargel waschen, zusammenbinden und aufrecht in einem hohen Topf eine Viertelstunde kochen (das Wasser muss den weißen unteren Teil ganz bedecken). Herausnehmen, abtropfen lassen und die grünen Spargelspitzen in Stücke schneiden (den weißen Teil entfernen). In der Zwischenzeit die Erbsen in Salzwasser 7-8 Minuten kochen und abgießen.

2 Den Knoblauch und die Schalotten putzen und mit 4-5 Esslöffel Öl glasig dünsten. Einen Esslöffel Mehl einrühren, ohne dass sich Klümpchen bilden, und mit einem Deziliter Brühe löschen. Sacht weiterrühren und mit Salz und Pfeffer abschmecken. Wenn die Sauce ein wenig eingedickt ist, diese in 4 Porzellanformen füllen und die Spargelstückchen und Erbsen gleichmäßig verteilen. Je zwei Eier aufschlagen und mit gehackter Petersilie bestreuen. Die Portionsaufläufe 10 Minuten im Wasserbad oder im Backofen (160 °C) garen, bis das Eigelb fest geworden ist (beim Gratinieren im Backofen die Petersilie ganz zum Schluss darüberstreuen). Mit gerösteten Brotstreifen servieren.

Portionen: 4
Vorbereitungszeit: 15′
Kochzeit: 35′
Schwierigkeitsgrad: ●●
Geschmacksrichtung: ●●
Kalorien (pro Portion): 537
Proteine (pro Portion): 27
Lipide (pro Portion): 30
Nährwert: ●●

HUEVOS A LA VIZCAÍNA

Eier in Gemüsesauce ☛ *Baskenland*

8 Eier
1 Zwiebel
2 Paprikaschoten
6 reife Tomaten (oder 400 g gewürfelte Tomaten)
100 g frische Erbsen
2-3 Knoblauchzehen
Petersilie
Paprikapulver
Safran
Mehl
Salz und Pfeffer
Olivenöl

Portionen: 4
Vorbereitungszeit: 15′
Kochzeit: 35′
Schwierigkeitsgrad: ●●
Geschmacksrichtung: ●●●
Kalorien (pro Portion): 455
Proteine (pro Portion): 25
Lipide (pro Portion): 30
Nährwert: ●●

1 Die Eier 7 Minuten hart kochen, abschrecken und pellen. Die Erbsen 4-5 Minuten in Wasser kochen, abgießen und das Wasser aufheben. Die Zwiebel häuten, die Paprikaschoten und Tomaten waschen, die Stiele, Kerne und Rippen entfernen. Die fein gehackte Zwiebel mit 4-5 Esslöffel Öl in der Pfanne glasig werden lassen und die in Streifen geschnittenen Paprikaschoten zufügen. Nach 7-8 Minuten einen Esslöffel Mehl einstreuen, eine Prise Paprikapulver, die in Würfel geschnittenen Tomaten und die Erbsen zugeben und zwei Esslöffel von dem Erbsenwasser zugießen.

2 Mit Salz und Pfeffer abschmecken und das Gemüse eine Viertelstunde sacht dünsten, ab und zu umrühren. In der Zwischenzeit den abgezogenen Knoblauch im Mörser zerstoßen und die Paste mit einer Messerspitze Safran unter die Sauce mischen. Frisch gehackte Petersilie darüberstreuen, kurz umrühren und durchziehen lassen, dann die hartgekochten Eierhälften hineinlegen. Weitere 5-6 Minuten köcheln lassen, noch einmal mit Petersilie bestreuen und sofort servieren.

1

2

1

2

HUEVOS MALLORQUINOS

Wursteier mit Gemüsecreme ☛ *Balearen*

8 Eier
8 Scheiben *Sobresata* (s. unten)
2 Karotten
1 Porreestange
200 g frische Erbsen
ca. 1/2 l Gemüsebrühe (mit Brühwürfel oder Granulat)
Salz und Pfeffer
50 g Schmalz

Portionen:	4
Vorbereitungszeit:	10′
Kochzeit:	30′
Schwierigkeitsgrad:	●●
Geschmacksrichtung:	●●
Kalorien (pro Portion):	538
Proteine (pro Portion):	32
Lipide (pro Portion):	38
Nährwert:	●●●

1 Die Karotten und den Porree putzen, fein hacken und mit 2-3 Esslöffel Schmalz in einer Kasserolle (möglichst aus Terrakotta) andünsten. Nach 2-3 Minuten die Erbsen zugeben, unter Umrühren kurz ziehen lassen und mit einem Guss Brühe bedecken. Den Deckel daraufgeben und ca. zehn Minuten köcheln lassen. Die festen Bestandteile des Gemüses mit dem Schaumlöffel herausheben, über dem Topf abtropfen lassen und im Mixer pürieren. Das Püree dann wieder in die Kasserolle geben und auf kleinster Flamme eindicken lassen. Mit Salz und Pfeffer abschmecken und solange ständig rühren, bis eine dicke Creme entstanden ist. Warm stellen.

2 In einer Pfanne mit einem kleinen Guss Wasser die in Scheiben geschnittene *sobresata* von beiden Seiten anrösten und ebenfalls beiseite stellen. Zum Schluss die Eier bereiten. Ein Ei aufschlagen, das Eiweiß vom Eidotter trennen und in die heiße Pfanne geben, in der zuvor die *sobreata* angeröstet wurde. Einen Stich Schmalz zufügen und das Eiweiß auf mittlerer Flamme stocken lassen. Dann den Eidotter in die Mitte legen, mit Salz und Pfeffer würzen. Er darf nicht stocken, sondern muss wie "eine Perle" daraufsitzen. Den gleichen Vorgang mit den anderen Eiern wiederholen. Auf jede Scheibe *sobresata* ein Ei legen und mit Gemüsecreme bedecken.

***Sobresata** ist eine für die Balearen typische Schweinswurst mit fein gewiegter Wurstmasse, die mit etwas Paprikapulver gewürzt ist. Erheblich pikanter ist die kontinentale **sobrasada**. Als Ersatz für sobresata kann man Mailänder Salami, ungarische Salami oder Zervelatwurst nehmen.*

REVUELTO DE GAMBAS Y GRELOS

Rührei mit Shrimps ☛ *Galicien*

8 Eier
250 g Broccoligemüse
100 g Shrimps
Milch
Salz und weißer Pfeffer
Olivenöl

Portionen: 4
Vorbereitungszeit: 10′
Kochzeit: 10′
Schwierigkeitsgrad: ●
Geschmacksrichtung: ●●
Kalorien (pro Portion): 426
Proteine (pro Portion): 28
Lipide (pro Portion): 31
Nährwert: ●●

1 Die Eier mit einer Prise Salz und Pfeffer und einem kleinen Guss Milch verquirlen. Das Broccoligemüse ein bis zwei Minuten in leicht gesalzenem Wasser abkochen, abgießen, gut abtropfen lassen und grob schneiden.

2 Den Broccoli mit 3-4 Esslöffel Öl auf starker Flamme sautieren und die Shrimps zugeben. Umrühren und die Herdstelle ein wenig herunterschalten. Die verquirlten Eier hineingeben und mit dem Kochlöffel kräftig verrühren. Sofort auf den Tisch bringen.

1

2

TORTILLA CAPUCHINA

Eierkuchen mit Kartoffeln und Spargel ☛ *Madrid*

8 Eier
4-5 (mittelgroße) Kartoffeln
150 g Spargelspitzen
(auch tiefgefroren)
1 Zwiebel
100 g Paniermehl
1 Sträußchen Petersilie
Salz
Olivenöl

Portionen: 4
Vorbereitungszeit: 15′
Kochzeit: 25′
Schwierigkeitsgrad: ●●
Geschmacksrichtung: ●●
Kalorien (pro Portion): 593
Proteine (pro Portion): 29
Lipide (pro Portion): 30
Nährwert: ●●

1 Die Eier mit einer Prise Salz und gehackter Petersilie verquirlen und ruhen lassen. Die Zwiebel häuten und die Kartoffeln schälen. Die Zwiebel mit 4-5 Esslöffel Öl in der Pfanne glasig dünsten. Die in winzige Würfel geschnittenen Kartoffeln zufügen und unter Umrühren 7-8 Minuten sacht garen lassen.

2 Das Paniermehl einstreuen und umrühren. nach 2 Minuten auch die Spargelspitzen darunterheben, noch einmal umrühren, dann die verquirlten Eier darüber geben. Die *tortilla* von einer Seite backen, nach 3-4 Minuten wenden und die andere Seite goldgelb werden lassen.

Piperrada Vasca

Eierkuchen mit Paprika ☛ *Baskenland*

8 Eier
2 Paprikaschoten
1 Zwiebel
2-3 reife Tomaten
4 Knoblauchzehen
Salz
Olivenöl

Portionen:	4
Vorbereitungszeit:	15′
Kochzeit:	35′
Schwierigkeitsgrad:	●●
Geschmacksrichtung:	●●
Kalorien (pro Portion):	404
Proteine (pro Portion):	23
Lipide (pro Portion):	29
Nährwert:	●●

1 Die Paprikaschoten waschen, trockentupfen, den Stiel, die Kerne und die Rippen entfernen und im Backofengrill rösten, bis die Haut schwarz geröstet ist. Herausnehmen, die Haut abziehen und die Schoten in Streifen schneiden.

2 Die Zwiebel häuten, zusammen mit dem abgezogenen Knoblauch fein hacken und mit 5-6 Esslöffel Öl in der Pfanne (möglichst aus Terrakotta) glasig dünsten.

3 Die gewaschenen, entkernten und klein geschnittenen Tomaten und die Paprikastreifen hineingeben und eine Viertelstunde auf mittlerer Flamme ziehen lassen. Das Gemüse mit dem Kochlöffel zerdrücken, sodass eine Art Brei entsteht, und alle Flüssigkeit eindicken lassen.

4 Die Eier mit einer Prise Salz verquirlen, in die Pfanne geben und umrühren. Die Pfanne zudecken und den Eierkuchen stocken lassen. Nicht wenden. Sofort servieren.

Die einmalige Silhouette des ultramodernen Museumsgebäudes von Bilbao.

1
2
3
4

TORTILLA MURCIANA

Eierkuchen mit Gemüse ☛ *Murcia und Levante*

6 Eier
3 reife Tomaten
4 Paprikaschoten
1 Aubergine
Salz
Olivenöl

Portionen: 4	
Vorbereitungszeit: 15'+30'	
Kochzeit: 25'	
Schwierigkeitsgrad: ●●	
Geschmacksrichtung: ●●●	
Kalorien (pro Portion): 410	
Proteine (pro Portion): 23	
Lipide (pro Portion): 29	
Nährwert: ●●	

Die Aubergine waschen, aber nicht schälen, in Scheiben schneiden und mit grobem Salz bestreuen. Die Scheiben auf einem Teller aufschichten und eine halbe Stunde lang mit einem Gewicht beschweren, damit der bittere Gemüsesaft austreten kann. Danach abbrausen, trockentupfen und in Würfel schneiden. Die Paprikaschoten waschen, den Stiel, die Kerne und die Rippen entfernen und die Schoten in Streifen schneiden. Die Tomaten waschen, die Kerne entfernen. Das Tomatenfleisch in ganz kleine Würfel schneiden und mit 3-4 Esslöffel Öl dünsten. Die Paprikastreifen und Auberginenwürfel hinzufügen und alles unter Umrühren etwa zehn Minuten durchziehen lassen. Die Eier mit einer Prise Salz in einer Schüssel verquirlen und in die Pfanne gießen. Die *tortilla* auf mittlerer Flamme stocken lassen, dann wenden und von der anderen Seite zu Ende garen. Wie einen Kuchen aufschneiden und servieren.

BERENJENAS A LA CATALANA

Auberginen mit Nüssen ☛ *Katalonien*

3 Auberginen
6-7 Walnusskerne
1 Zwiebel
2 Knoblauchzehen
2 Tomaten
Petersilie
Gemüsebrühe
(mit Brühwürfel oder Granulat)
Salz und Pfeffer
Olivenöl

Portionen: 4
Vorbereitungszeit: 15′+30′
Kochzeit: 30′
Schwierigkeitsgrad: ●●
Geschmacksrichtung: ●●
Kalorien (pro Portion): 256
Proteine (pro Portion): 7
Lipide (pro Portion): 20
Nährwert: ●●

1 Die Auberginen schälen, in Scheiben schneiden, mit grobem Salz bestreuen, auf einem Teller aufschichten und eine halbe Stunde lang mit einem Gewicht beschweren, damit der bittere Gemüsesaft austreten kann. Die Walnusskerne mit 5 Esslöffel Öl in der Kasserolle sautieren, mit dem Schaumlöffel herausnehmen und auf Küchenkrepp abtropfen lassen. Die Auberginen abbrausen, trockentupfen und in dem in der Kasserolle verbliebenen Öl auf starker Flamme kurz sautieren. Nach 2-3 Minuten die gehackte Zwiebel und die fein gewiegten Knoblauchzehen hinzufügen.

2 Umrühren und nach weiteren 2-3 Minuten die Herdstelle herunterschalten und die gewaschenen, entkernten und zerkleinerten Tomaten dazugeben. Die Nüsse im Mörser zerstoßen, die Nusspaste mit einem halben Glas lauwarmer Gemüsebrühe verlängern und in die Kasserolle geben. Mit Salz und Pfeffer abschmecken. Das Gemüse sacht weiterkochen lassen, bis die Auberginen gar sind. Vor dem Servieren mit gehackter Petersilie bestreuen.

BERENJENAS RELLENAS

Gefüllte Auberginen ☛ *Balearen*

4 Auberginen
200 g mageres Hackfleisch
(Schweinefleisch oder Huhn)
50 g roher Schinken
1 Zwiebel
1 Tomate
2 Eier
Zimptpulver und Muskatnuss
Mehl und Paniermehl
1 dl Milch
Trockener Weißwein
Salz und Pfeffer
Olivenöl

Portionen: 4-6
Vorbereitungszeit: 15′+30′
Kochzeit: 30′
Schwierigkeitsgrad: ●●
Geschmacksrichtung: ●●
Kalorien (pro Portion): 493
Proteine (pro Portion): 22
Lipide (pro Portion): 25
Nährwert: ●●●

1 Die Auberginen waschen und der Länge nach halbieren, mit einem Teelöffel das Fruchtfleisch herauslösen, sodass 8 "Schalen" entstehen; darauf achten, dass sie heil bleiben. Die Auberginenhälften innen und außen leicht ölen, auf ein Backblech legen und bei 160 °C etwa eine halbe Stunde in den Backofen geben. In der Zwischenzeit das Fruchtfleisch im Mixer pürieren und beiseite stellen.

1

2 Das Hackfleisch und den fein gehackten Schinken mit 3-4 Esslöffel Öl in der Pfanne anrösten. Sobald das Fleisch Farbe annimmt, die gehackte Zwiebel und das Auberginenpüree zufügen und unter Umrühren bei mäßiger Hitze 4-5 Minuten durchkochen. Die gewaschene, entkernte und zerkleinerte Tomate, eine Teelöffelspitze Zimptpulver und ein halbes Glas Wein zufügen. Die Fleischsauce unter ständigem Rühren eindicken lassen, bis der Wein verdunstet ist.

2

3 Zwei Esslöffel Öl in einer Kasserolle erhitzen lassen und nach und nach einen gehäuften Esslöffel Mehl und die Milch einrühren, ohne dass sich Klumpen bilden. Die Mehlschwitze auf schwachem Feuer 3-4 Minuten eindicken lassen und mit Salz und Pfeffer abschmecken und ein wenig Muskatnuss darüber reiben. Dann das Fleisch in eine Schüssel umfüllen und die Mehlschwitze zusammen mit einem verquirlten Ei unter das Fleisch mischen.

4 Die ausgehöhlten Auberginenhälften auf eine mit Backfolie ausgelegte Bratenpfanne setzen, mit der Fleischmasse füllen, glattstreichen und die Oberfläche mit verquirltem Ei bepinseln. Mit Paniermehl bestreuen und eine Guss Öl darüberträufeln. Die Auberginen bei 180 °C im Backofen garen und servieren.

Die Kirche San Rafael (18. Jh.) im Hinterland von Ibiza.

3

4

COLIFLOR AL AJO ARRIERO

Blumenkohl mit Essigsauce ☛ *Aragonien*

Die Silhouette des majestätischen Komplexes der Basilica de Nuestra Señora del Pilar in Zaragoza.

Den Blumenkohl waschen und in Röschen zerlegen. Den Strunk abschneiden. Den Blumenkohl in reichlich Salzwasser bei offenem Topf 12 Minuten abkochen. Abgießen und auf einer Platte anrichten. Das Blumenkohlwasser aufheben.
Den abgezogenen und fein gehackten Knoblauch mit 7-8 Esslöffel Öl anrösten. Sobald er Farbe annimmt, die Pfanne von der Herdstelle nehmen und einen Teelöffel Paprikapulver, einen Esslöffel Essig, die gehackte Petersilie und soviel Kochflüssigkeit zufügen, dass eine nicht zu flüssige Tunke entsteht. Den Blumenkohl mit der würzigen Sauce begießen. Diese Beilage schmeckt hervorragend zu Fleischgerichten, aber auch zu Fisch, der in Scheiben angerichtet wird.

1 mittelgroßer Blumenkohl
4-5 Knoblauchzehen
Paprikapulver
Petersilie
Roter Weinessig
Salz
Olivenöl

Portionen: 4
Vorbereitungszeit: 15'
Kochzeit: 20'
Schwierigkeitsgrad: ●
Geschmacksrichtung: ●●●
Kalorien (pro Portion): 150
Proteine (pro Portion): 4
Lipide (pro Portion): 10
Nährwert: ●

FAVES AL TOMBET

Weiße Bohnen mit Salat ☛ *Levante*

700 g frische weiße Bohnen (oder 350 g getrocknete)
1 Kopfsalat
2-3 Knoblauchzehen
1 Scheibe hausbackenes Brot ohne Kruste
Paprikapulver
Roter Weinessig
Gemüsebrühe (mit Brühwürfel oder Granulat)
Salz und Pfeffer
Olivenöl

Portionen: 4
Vorbereitungszeit: 15'+4h
Kochzeit: 50'
Schwierigkeitsgrad: ●●
Geschmacksrichtung: ●●●
Kalorien (pro Portion): 451
Proteine (pro Portion):24
Lipide (pro Portion):12
Nährwert: ●●

Getrocknete Bohnenkerne 3-4 Stunden vorher einweichen. Den Salat putzen und waschen, den Strunk entfernen und die Blätter grob hacken.
Die Brotscheibe mit den abgezogenen Knoblauchzehen in 5-6 Esslöffel Öl in der Schmorpfanne (möglichst aus Terrakotta) goldgelb rösten. Beides herausnehmen, abtropfen lassen und unter Zugabe von einem halben Teelöffel Paprikapulver und einem Esslöffel Essig im Mörser zu Brei zerstoßen (oder im Mixer pürieren).
Die abgetropften Bohnen und den geschnittenen Kopfsalat in dem Restöl ziehen lassen. Nach etwa einer Viertelstunde die Brotkrume, 2-3 Schöpflöffel Brühe, eine Prise Salz und Pfeffer hinzufügen. Die Pfanne zudecken und das Gericht etwa eine halbe Stunde köcheln lassen. Sofort servieren. Eine hervorragende Beilage zu Eiern und *Tortillas*.

FABADA ASTURIANA

Bohneneintopf mit Wurst-Allerlei ☛ *Asturien*

1 Die Bohnen zwei Stunden in kaltem Wasser einweichen. Gleichzeitig den *lacón* in warmes Wasser legen und bis zum Verbrauch darin belassen. Die Räucherwürste (*morcilla*) gegebenenfalls vor dem Verbrauch abreiben. Den Bauchspeck in ungesalzenem Wasser 4-5 Minuten abkochen. Die abgegossenen und abgetropften Bohnen in einen großen Tontopf umfüllen und mit Wasser bedecken, sodass es zwei Zentimenter übersteht. Die Kasserolle aufsetzen, die Bohnen auf starker Flamme zum Kochen bringen und den Schaum abschöpfen. Eine Teelöffelspitze Safran mit einem Tropfen Wasser verdünnen und dazugeben.

1

2 Dann den *lacón* und den Bauchspeck hinzufügen und mit den Bohnen bedecken. Den Deckel auf den Topf geben, 5-6 Minuten kochen lassen und die Brühe noch einmal abschäumen.

2

3 Die in Scheiben geschnittene *chorizo* und *morcilla* hineingeben und den Topf wieder zudecken. Weitere 5-6 Minuten kochen lassen und die Brühe abschäumen. Zum Schluss 2 Lorbeerblätter zufügen, die Flamme auf kleinste Stufe stellen und mindestens zweieinhalb Stunden ganz sacht köcheln lassen.

4 Darauf achten, dass die Bohnen stets mit Flüssigkeit bedeckt sind; andernfalls ein wenig warmes Wasser nachgießen. Um zu vermeiden, dass der Eintopf nicht ansetzt, die Kasserolle ab und zu rütteln, aber nicht mehr umrühren. Sollte die *fabada* zu flüssig geraten sein, kann man in den letzten 10-15 Minuten den Deckel abnehmen. Nach Ende der Garzeit müssen die Bohnen zwar zart sein, dürfen aber nicht auseinanderfallen oder aufgeplatzt sein. Das Gericht von der Kochstelle nehmen und im Tontopf etwa eine Viertelstunde abkühlen lassen.

Morcilla - ***nicht zu verwechseln mit der*** **butifarra** ***negra (vgl. S. 22) - ist eine Blutwurst mit dem Durchmesser einer Schweinswurst und wenigen "Fettaugen", die je nach Gegend mit Anis, Zimt, Gewürznelken und Pinienkernen angereichert wird. In Asturien wird sie gewöhnlich geräuchert verzehrt, ebenso wie die*** **Chorizo-Wurst** ***(s. S. 60).*** **Lacón** ***ist gepökelter Schweinsfuß. Alternativ kann man ein Stück normalen Schweinsfuß verwenden, dann natürlich ungewässert. Ähnlich kann man die*** **morcilla** ***durch unsere Blutwurst ersetzen.***

500 g getrocknete weiße Bohnen
250 g geräucherte *morcilla* (s. nebenstehende Seite)
250 g geräucherte *chorizo* (s. nebenstehende Seite)
250 g *lacón* (s. nebenstehende Seite)
100 g Bauchspeck
Safran
Lorbeer

Portionen: 6
Vorbereitungszeit: 20′+2h 15′
Kochzeit: 3h ca.
Schwierigkeitsgrad: ●●
Geschmacksrichtung: ●●●
Kalorien (pro Portion): 738
Proteine (pro Portion): 35
Lipide (pro Portion): 46
Nährwert:●●●

3
4

HABAS A LA RONDEÑA

Bohnen mit Schinken ☛ *Andalusien*

700 g frische weiße Bohnen
(oder 350 g getrocknete)
100 g roher Schinken
(am Stück)
2 Eier
2 Frühlingszwiebeln
1 reife Tomate
1 Knoblauchzehe
Salz und Pfeffer
Olivenöl

Portionen: 4-6
Vorbereitungszeit: 15′+4-5h
Kochzeit: 45′
Schwierigkeitsgrad: ●●
Geschmacksrichtung: ●●
Kalorien (pro Portion): 501
Proteine (pro Portion): 24
Lipide (pro Portion): 28
Nährwert: ●●●

Getrocknete Bohnen 4-5 Stunden vorher in kaltem Wasser einweichen. Die Eier 7 Minuten hart kochen. Die Zwiebeln häuten und mit dem Knoblauch fein hacken, dann in einer Kasserolle (möglichst aus Terrakotta) mit 3-4 Esslöffel Öl glasig dünsten. Die gewaschene, entkernte und zerkleinerte Tomate, den gewürfelten Schinken, die Bohnen, eine Prise Salz und Pfeffer zufügen. Soviel warmes Wasser zugießen, dass die Bohnen fast bedeckt sind. Den Topf zudecken, zum Kochen bringen, die Flamme herunterdrehen und mindestens eine halbe Stunde köcheln lassen. Nach beendeter Garzeit sollten die Bohnen noch bissfest sein. Die Kasserolle vom Herd nehmen, umrühren, mit den geviertelten Eiern garnieren und sofort servieren.

JUDÍAS VERDES A LA CASTELLANA

Grüne Bohnen mit Paprika ☛ *Kastilien La Mancha*

500 g grüne Bohnen
3 bunte Paprikaschoten
3 Knoblauchzehen
Petersilie
Salz und frisch gemahlener Pfeffer
Olivenöl

Portionen: 4
Vorbereitungszeit: 20′
Kochzeit: 30′
Schwierigkeitsgrad: ●
Geschmacksrichtung: ●●●
Kalorien (pro Portion): 121
Proteine (pro Portion): 3
Lipide (pro Portion): 10
Nährwert: ●

Die Bohnen putzen, d.h. die Enden abschneiden und die Fäden abziehen, waschen, in reichlich Salzwasser etwa zwanzig Minuten abkochen und abgießen. Die Paprikaschoten im Backofengrill rösten, dabei ab und zu wenden. Die Haut abziehen, Kerne und Rippen entfernen und in schmale Streifen schneiden.
Den abgezogenen und fein gehackten Knoblauch mit 4-5 Esslöffel Öl in der Pfanne anrösten und die Bohnen und den Paprika kurz darin sautieren. Mit Salz und frisch gemahlenem Pfeffer abschmecken, mit frisch gehackter Petersilie bestreuen und auftragen.

PAPAS ARRUGADAS

Runzelkartoffeln ☛ *Kanarische Inseln*

600 g neue Kartoffeln
Grobes Salz

Portionen: 4
Vorbereitungszeit: 5'
Kochzeit: 30'
Schwierigkeitsgrad: ●
Geschmacksrichtung: ●●●
Kalorien (pro Portion): 130
Proteine (pro Portion): 4
Lipide (pro Portion): 0
Nährwert: ●

Papas arrugadas sind neue Kartoffeln, die in Meerwasser gekocht werden. Wenn man kein Meerwasser zur Verfügung hat, kann man normales Leitungswasser mit viel Salz (ein Esslöffel grobes Salz auf einen Liter Wasser) benutzen. Die Kartoffeln nicht zu weich kochen, abgießen, abtropfen lassen und nicht pellen, sondern in eine feuerfeste Form geben und 12 Minuten im Backofen bei 220 °C garziehen. Sofort servieren und nicht vergessen, dass sie bereits gesalzen sind. Sie schmecken vorzüglich zu kanarischen Hauptgerichten, aber auch zu Braten und Fisch.

PATATAS A LA RIOJANA

Kartoffeln mit Knoblauch und Ei ☛ *La Rioja*

1

1 Den abgezogenen Knoblauch, circa zehn Pfefferkörner und die entkernte Chilischote zusammen mit einem Teelöffel Paprikapulver und einer Prise Salz im Mörser zerstoßen (oder im Mixer pürieren). Die Kartoffeln schälen, halbieren und in 5-6 mm dicke Scheiben schneiden. Die Kartoffelscheiben in einer Deckelpfanne mit 4-5 Esslöffel Öl unter ständigem Wenden mit einem Pfannenheber anrösten, bis sie von beiden Seiten goldgelb sind.

2 Die Knoblauchpaste mit etwas lauwarmem Wasser verdünnen und hineingeben. Die Pfanne zudecken und ca. 20 Min. köcheln lassen. In der Zwischenzeit die Eier hart kochen (7 Min.), abschrecken und pellen. Vor dem Servieren die Kartoffeln mit Eiervierteln garnieren. Ausgezeichnet als Beilage zu Schweinefleisch (aber auch zu *tortillas* und Fisch oder Krustentieren vom Grill).

2

6-7 mittelgroße Kartoffeln (ca. 600 g)
2 Eier
2-3 Knoblauchzehen
1 Chilischote
Paprikapulver
Salz und Pfefferkörner
Olivenöl

Portionen: 4
Vorbereitungszeit: 20′
Kochzeit: 20′ ca.
Schwierigkeitsgrad: ●●
Geschmacksrichtung: ●●●
Kalorien (pro Portion): 351
Proteine (pro Portion): 11
Lipide (pro Portion): 15
Nährwert: ●●●

PURRUSALDA

Porree mit Kartoffeln ☛ *Baskenland*

750 g Porree
500 g kleine Kartoffeln
2 Knoblauchzehen
Paprikapulvor
Lorbeer
2,5 dl Gemüsebrühe (mit Brühwürfel oder Granulat)
Salz und Pfeffer
Olivenöl

Portionen: 6
Vorbereitungszeit: 20'
Kochzeit: 45'
Schwierigkeitsgrad: ●●
Geschmacksrichtung: ●●●
Kalorien (pro Portion): 193
Proteine (pro Portion): 4
Lipide (pro Portion): 11
Nährwert: ●

1 Den Porree putzen und in Ringe schneiden bis (einschließlich) zu dem Punkt, wo das Weiße ins Grüne übergeht. Den Knoblauch mit 4-5 Esslöffel Öl in einer Schmorpfanne (möglichst aus Terrakotta) anrösten. Sobald der Knoblauch Farbe annimmt, herausnehmen (nicht wegwerfen) und an seiner Stelle den Porree ganz sacht andünsten.

1

2 Die Kartoffeln schälen, in Scheiben schneiden und zusammen mit einem Lorbeerblatt und einer Prise Salz und Pfeffer in den Topf geben. Mit Brühe aufgießen und den im Morser mit einem Teelöffel Paprikapulver zerstoßenen, angerösteten Knoblauch zufügen. Umrühren, zudecken und etwa eine halbe Stunde köcheln lassen. Diese Beilage wird gern zu Fischgerichten serviert.

2

GEBÄCK UND DESSERT

Hier kommt die ganze
iberische Phantasie,
aber auch die Liebe zu den Traditionen,
sowohl die familiären
und häuslichen Bräuche,
als auch die erlesenen und geheimen
Überlieferungen der Klöster,
zur Entfaltung.
Rustikale torrijas *auf der Grundlage*
von Brot und wahre Meisterwerke
der Konditorkunst:
baskische Nüsse, andalusische Mandeln,
süße Kartoffeln und Bananen
aus den Kanaren:
Köstliche Verlockungen ohne Zahl!

6

BRAZO DE GITANO

Buttercremerolle ☛ *Andalusien*

1 Zunächst wird die *cremadina* zum Farcieren bereitet. Hierfür die Milch mit einem Stückchen Zimtstange und der Vanilleschote in einem Töpfchen erhitzen, aber nicht aufkochen lassen. Die Eidotter, den Zucker, das Mehl und das Salz in einer Schüssel zu einer glatten Masse verquirlen.

1

2 Diese nun in einen Topf umfüllen, der zum Kochen im Wasserbad geeignet ist. Den unteren Topf mit Wasser füllen und zum Kochen bringen. Aus dem oberen Topf den Zimt und die Vanilleschote herausnehmen und die warme Milch einrühren. Vorsichtig umrühren und langsam aufkochen lassen. Zwei Esslöffel warmes Wasser zufügen und die Flamme herunterdrehen, dabei stets weiterrühren.

2

3 Nach 10 Minuten den Topf aus dem Wasserbad nehmen und unter ständigem Rühren die Butterflöckchen daruntermischen. Die *cremadina* abkühlen lassen. Während des Abkühlens wird die Buttercreme, die zum Farcieren des *brazo de gitano* benötigt wird, fest.

4 Für den Teig die Eiweiße zu Schnee schlagen und die Eidotter, den Zucker, das Mehl und die abgeriebene Zitronenschale nacheinander unterheben. Eine genügend große, rechteckige Kuchenform (ca. 30 x 35 cm) mit Butter ausstreichen und mit einer ebenfalls gefetteten Backfolie auslegen. Den Teig darauf verteilen, glattstreichen und bei 180 °C ca. eine Viertelstunde im Backofen backen.

3

5 Den Kuchen aus der Form herausnehmen und auf ein großes Stück mit reichlich Puderzucker bestäubte Backfolie legen. Die *cremadina* gleichmäßig daraufstreichen, und ein wenig von der Buttercreme für die Dekoration aufheben.

6 Mit Hilfe der darunter liegenden Folie den *brazo* jetzt aufrollen und so auf eine Tortenplatte legen, dass sich das Ende der Teigrolle unten befindet und man es nicht sieht. Die Rolle mit der restlichen *cremadina* bestreichen und mit Puderzucker bestreuen.

CREMA CATALANA

Katalanische Creme ☛ *Katalonien*

8 Eidotter
150 g Zucker
50 g Rohrzucker
1 l Milch
20 g Mehl
1 Streifen Zitronenschale
1 Stück Zimtstange

Portionen: 6
Vorbereitungszeit: 20′+2h
Kochzeit: 30′
Schwierigkeitsgrad: ●●
Kalorien (pro Portion): 404
Proteine (pro Portion): 19
Lipide (pro Portion): 17
Nährwert: ●●●

Die Milch (ein halbes Glas zurückbehalten, in die das Mehl eingerührt wird) mit der Zitronenschale (die weiße innere Haut wegschneiden) und einem Stückchen Zimtstange in einen Topf gießen, zum Kochen bringen, die Herdstelle sofort ausschalten und die Milch zehn Minuten ruhen lassen. In der Zwischenzeit in einer Schüssel die Eidotter und den Zucker mit dem Schneebesen zu einer cremigen Masse schlagen und dann auch die Milch (Zimt und Zitronenschale herausnehmen) und das mit der Milch verrührte Mehl einrühren. Den Schüsselinhalt in einen Topf geben, auf kleiner Flamme aufsetzen und ständig weiterrühren, bis die Creme eine bestimmte Konsistenz hat. Sobald die Creme anfängt zu kochen, die Herdstelle ausschalten und die Creme in feuerfeste Porzellanschälchen füllen. Abkühlen lassen und zwei Stunden in den Kühlschrank stellen. Unmittelbar vor dem Servieren den Backofengrill anstellen, die Creme mit Rohrzucker bestreuen und die Schälchen so nah wie möglich an die Hitzequelle stellen, damit der Zucker rasch karamellisiert. Der Arbeitsschritt muss sehr schnell vonstatten gehen, damit die Creme innen kalt bleibt.

BLÄTTERTEIG:
175 g Mehl mit der entsprechenden Menge Wasser zu einem glatten geschmeidigen Teig verkneten, in ein Tuch rollen und ruhen lassen. Das restliche Mehl mit der weichen Butter verarbeiten, zu einem Brötchen formen und eine halbe Stunde ruhen lassen. Den ersten Teig auf einer bemehlten Platte (ca. 8 mm) dick ausrollen, das Brötchen in die Mitte setzen und mit dem Teig umhüllen. Dann den Teig wieder ausrollen, umklappen, wieder zu einem Brot formen und 15 Minuten in den Kühlschrank legen. Dann noch einmal ausrollen, umklappen und wieder in den Kühlschrank geben (dieser Vorgang wird 3-mal wiederholt). Zum Schluss den Teig in der gewünschten Dicke ausrollen. Alternativ kann man auch tiefgefrorenen Blätterteig verwenden.

CASADIELLES

Nusstäschchen ☛ *Galicien und Asturien*

Die Walnusskerne mit dem Zucker im Mixer fein zerkleinern. Ein Gläschen Likör in einem Glas Wasser auflösen und in einen Topf gießen, eine kleine Zimtstange und die Zitronenschale (die weiße innere Haut wegschneiden) zufügen. Den Sirup zum Kochen bringen und weitere 5 Minuten sacht köcheln lassen. Den Zimt und die Zitronenschale herausnehmen und die gemahlenen Nüsse einrühren. Nach 2-3 Minuten die Masse vom Feuer nehmen und erkalten lassen. Den Blätterteig ausrollen (siehe nebenstehend) und kleine Quadrate (10 cm) ausschneiden. Die Nussfüllung auf die Teigquadrate verteilen, dabei die Ränder frei lassen. Zuerst den oberen, dann den unteren Teigstreifen zur Mitte klappen, die Kontaktstelle befeuchten und vorsichtig zudrücken. Die Seitenenden mit der Gabel zudrücken, sodass ein Streifenmotiv entsteht. Die *casadielles* mit der "Naht" nach unten auf einem mit gebutterter Backfolie ausgelegtem Backblech aufreihen, mit verquirltem Ei bestreichen und bei 220 °C 12-15 Minuten im Backofen backen, bis sie goldgelb sind.

2 Dutzend Walnusskerne (ca. 200 g)
100 g Zucker
2 Eidotter
Anislikör
Zimt
1 Streifen Zitronenschale
30 g Butter

Für den Blätterteig:
250 g Mehl (und zum Ausrollen)
250 g Butter

Portionen: 6
Vorbereitungszeit: 30'+1h 15'
Kochzeit: 25'
Schwierigkeitsgrad: ●●●
Kalorien (pro Portion): 874
Proteine (pro Portion): 17
Lipide (pro Portion): 59
Nährwert: ●●●

Buñuelos de boniatos

Süße Kartoffelkroketten ☛ *Kanarische Inseln*

4 *boniatos* (süße Kartoffeln)
30 g Zucker
Süßwein (Likörwein)
Trockener Weißwein
1 Zitrone
30 g Mehl (und zum Ausrollen)
Milch
Salz
Frittieröl

Portionen: 4-6
Vorbereitungszeit: 25′
Kochzeit: 35′
Schwierigkeitsgrad: ●●
Kalorien (pro Portion): 533
Proteine (pro Portion): 6
Lipide (pro Portion): 27
Nährwert: ●●●

1 Die süßen Kartoffeln in Salzwasser 15 Minuten garkochen, abgießen, pellen und pürieren. Den Kartoffelbrei in eine Schüssel geben, ein Gläschen Süßwein und ein halbes Glas trockenen Wein, den Zitronensaft, das Mehl und den Zucker zufügen und verkneten. Sollte der Teig zu fest sein, kann man ihn mit einem Schluck Milch geschmeidig machen.

2 Jeweils einen knappen Esslöffel Teig in die Hand nehmen, zu einem dattelförmigen Plätzchen formen und auf eine bemehlte Arbeitsplatte oder ein sauberes Tuch legen. Die *buñuelos* dann - immer nur wenige auf einmal - in reichlich siedendem Öl goldgelb ausbacken, abtropfen lassen und heiß servieren (sie schmecken aber auch kalt).

1

2

Für die cremadina:
2 Eidotter
20 g Zucker
15 g Mehl
ca. 2 dl Milch
1 Stück Zimtstange
1 Vanillestange (oder ein Tropfen Vanille-Backöl)
1 Prise Salz
30 g Butter

Für den Teig:
6 Eier
80 g Zucker
80 g Mehl
1 Zitrone
Puderzucker
40 g Butter

Portionen: 6
Vorbereitungszeit: 35′
Kochzeit: 45′ ca.
Schwierigkeitsgrad: ●●●
Kalorien (pro Portion): 294
Proteine (pro Portion): 6
Lipide (pro Portion): 14
Nährwert: ●●●

4

5

6

1

2

3

4

FLAÕ

Käsekuchen ☛ *Balearen*

4 Eier
400 g *queso fresco* oder *requesón* (zarter Frischkäse)
150 g Zucker
Honig
1 Zweiglein frische Minze
Anislikör
Puderzucker
30 g Butter

Für den Teig:
180 g Mehl (und zum Ausrollen)
1 Ei
Milch
Anislikör
1 Prise Salz
50 g Butter

Portionen: 4-6	
Vorbereitungszeit: 35'+30'	
Kochzeit: 45'	
Schwierigkeitsgrad: ●●●	
Kalorien (pro Portion): 1201	
Proteine (pro Portion): 48	
Lipide (pro Portion): 59	
Nährwert: ●●●	

1 Zunächst wird der Teig zubereitet. Hierfür das Mehl in eine breite Schüssel sieben. Das Salz, flöckchenweise die weiche Butter, einen Teelöffel Likör und das aufgeschlagene Ei hinzufügen und mit einem Handrührgerät, eventuell unter Zugabe von etwas Wasser, zu einem glatten Teig verarbeiten. Den Teig eine halbe Stunde an einem kühlen Ort ruhen lassen. Inzwischen den Backofen auf 180 °C vorheizen. In einer zweiten Schüssel die Eier aufschlagen und mit dem Rührgerät den Käse, den Zucker, 3 Esslöffel Honig, die gewaschenen und klein geschnittenen Minzeblätter sowie einen Esslöffel Likör einrühren. Solange rühren, bis sich der Zucker vollständig aufgelöst hat.

2 Den Teig auf der bemehlten Arbeitsplatte ausrollen und damit eine gut gebutterte flache Tortenform mit gewelltem Rand (ca. 24 Durchmesser) auslegen. Die Füllung hineingeben, glattstreichen und etwa eine Dreiviertelstunde im Backofen backen. Den *flaõ* herausnehmen, 5-6 Minuten abkühlen lassen, aus der Tortenform heben, mit Puderzucker bestreuen und mit frischen Minzeblättchen dekorieren. Der Kuchen schmeckt am besten kalt.

1

2

INTXAURSALSA

Nusscreme ☛ *Baskenland*

2 Dutzend Walnusskerne (ca. 200 g)
4 Scheiben hausbackenes Brot, ohne Kruste, geröstet
300 g Zucker
2 l Milch

Portionen: 4
Vorbereitungszeit: 20'+4h
Kochzeit: 45'
Schwierigkeitsgrad: ●●
Kalorien (pro Portion): 650
Proteine (pro Portion): 14
Lipide (pro Portion): 25
Nährwert: ●●●

150 g Walnusskerne möglichst von Hand hacken. Das geröstete Brot, ohne Kruste, im Mixer fein mahlen. Die Milch in einen Topf gießen, den Zucker, das gemahlene Brot und die gehackten Nüsse zufügen. Alles aufkochen lassen, die Flamme auf kleinste Stufe herunterschalten und unter ständigem Rühren ungefähr eine Dreiviertelstunde köcheln lassen. Am Ende muss sich eine gleichmäßig dickflüssige Creme ergeben. Den Topf vom Feuer nehmen, erkalten lassen und in Portionsschalen füllen, mit den restlichen Walnüssen garnieren und 4 Stunden in den Kühlschrank stellen. Diese köstliche Nusscreme ist eine traditionelle Spezialität für den Heiligabend.

LECHE FRITA

Gebackene Puddingschnitten ☛ *Galicien*

220 g Mehl
170 g Zucker
60 g Paniermehl
4 Eier
1/2 l Milch
1 Stück Zimtstange
1 Streifen Zitronenschale
Orangen- oder
 Kirschmarmelade
140 g Butter
Frittieröl

Portionen: 4-6	
Vorbereitungszeit: 20'+4h	
Kochzeit: 40'	
Schwierigkeitsgrad: ●●	
Kalorien (pro Portion): 1101	
Proteine (pro Portion): 20	
Lipide (pro Portion): 72	
Nährwert: ●●●	

1 Die Milch mit dem Zimt und der Zitronenschale (die weiße Haut wegschneiden) in einen Topf gießen, auf schwacher Flamme erhitzen und ausschalten, sobald sie zu kochen anfängt. In einem anderen Topf die Butter zergehen lassen. Nach und nach 180 g Mehl und 150 g Zucker einrühren. Die Milch hinzufügen (Zimt und Zitronenschale vorher herausnehmen) und mit dem Schneebesen (oder einem Handrührgerät) aufschlagen.

2 Die Masse muss locker und cremig sein. Sobald sie zu kochen beginnt, den Topf von der Herdstelle nehmen und nacheinander die Eidotter einrühren (das Eiweiß zurückbehalten).

3 Eine nicht zu hohe Form mit Backfolie auslegen, den Pudding einfüllen und glattstreichen. Er sollte etwa 2 cm hoch sein. Die Form 3-4 Stunden in den Kühlschrank stellen, dann herausnehmen, auf ein Holzbrett stülpen und in kleine Dreiecke schneiden (Seitenlänge 4-5 cm).

4 Die Dreiecke in dem restlichen Mehl wenden, abklopfen, in das verquirlte (aber nicht zu Schnee geschlagene) Eiweiß tauchen und dann in Paniermehl wenden. Die Puddingschnitten in reichlich siedendem Öl von beiden Seiten goldgelb backen. Mit Zucker bestreuen und servieren (sie schmecken aber auch kalt). Nach Belieben Orangen- oder Kirschmarmelade dazu reichen.

Die Kathedrale von Santiago de Compostela, seit Jahrhunderten Ziel zahlloser Pilger aus allen Teilen Europas und der ganzen Welt.

1
3
2
4

8 Scheiben hausbackenes Brot vom Vortag (ohne Kruste)
2 Eier
Honig
Trockener Weißwein
Zucker und Zimtpulver
Frittieröl

Portionen:	**4**
Vorbereitungszeit:	**20'**
Kochzeit:	**15'**
Schwierigkeitsgrad:	**●●**
Kalorien (pro Portion):	**644**
Proteine (pro Portion):	**12**
Lipide (pro Portion):	**30**
Nährwert:	**●●●**

TORRIJAS

Gebackene Honigschnitten ☛ *Kastilien La Mancha*

Mit Plätzchenformen aus den Brotscheiben Kreise (4-5 cm Durchmesser) und Quadrate (4-5 cm Seitenlänge) ausstechen, auf ein Tablett legen. In einem Schluck lauwarmem Wasser einen Teelöffel Honig auflösen, mit etwas Wein mischen und damit das Brot beträufeln. Nach zwei Minuten die Brotschnittchen umdrehen, wieder zwei Minuten ziehen lassen, dann abtropfen lassen, aber nicht ausdrücken, und in die verquirlten Eier tauchen. Die Honigschnittchen einige Minuten darin ruhen lassen und dann in reichlich siedendem Öl von beiden Seiten goldgelb ausbacken, abtropfen lassen und auf Küchenkrepp legen. Mit Zimt und Zucker bestreuen und servieren.

TORTITAS DE PLÁTANOS

Bananenküchlein ☛ *Kanarische Inseln*

Die Bananen schälen und im Mixer pürieren (oder mit der Gabel zerquetschen). Das Mus in eine Schüssel geben und mit dem Handrührgerät die Eier, die Milch, Salz, einen halben Teelöffel Zimtpulver und die Zitronenschale einrühren. Danach auch die Hefe, das Mehl und ein Gläschen Rum zufügen. Den Teig eine halbe Stunde ruhen lassen und die Küchlein löffelweise in reichlich siedendem Öl goldgelb ausbacken. Die fertigen Bananenküchlein mit einem Pfannenheber herausnehmen, auf Küchenkrepp abtropfen lassen, mit etwas Honig beträufeln (zu festen Honig mit ein wenig lauwarmem Wasser verdünnen) und servieren.

4 Bananen
3 Eier
100 g Mehl
1 dl Milch
10 g Bierhefe
Zimtpulver
1/2 abgeriebene Zitronenschale
Rum
1 Prise Salz
Honig (zum Garnieren)
Frittieröl

Portionen: 4
Vorbereitungszeit: 20'+30'
Kochzeit: 20'
Schwierigkeitsgrad: ●●
Kalorien (pro Portion): 799
Proteine (pro Portion): 11
Lipide (pro Portion): 31
Nährwert: ●●●

ENSAIMADAS MALLORQUINAS

Hefestangen ☛ *Balearen*

500 g Mehl (und zum Ausrollen)
2 Eier
10 g Bierhefe
80 g Zucker
Puderzucker
1 Prise Salz
50 g Schmalz
Olivenöl

Portionen: 4
Vorbereitungszeit: 40'+3h 30'
Kochzeit: 20' ca.
Schwierigkeitsgrad: ●●●
Kalorien (pro Portion): 752
Proteine (pro Portion): 16
Lipide (pro Portion): 29
Nährwert: ●●●

1 Die Hefe in 2-3 Esslöffel lauwarmem Wasser auflösen und in einer Schüssel mit 100 g Mehl und einem Teelöffel Zucker vermengen. Die Schüssel mit einem feuchten Tuch zudecken und den Vorteig eine Stunde gehen lassen. In einer anderen Schüssel das restliche Mehl und den restlichen Zucker, das Salz und die Eier mit genügend Wasser und dem aufgegangenen Vorteig zu einem glatten Teig verarbeiten. Den neuen Teig auf eine bemehlte Arbeitsfläche legen und lange mit den Händen verkneten, dabei nach und nach 2 Esslöffel Öl unter den Teig mischen, damit er geschmeidig bleibt. Den Teig dann wieder in eine gefettete Schüssel legen, mit dem Tuch zudecken und noch weitere zwei Stunden gehen lassen. In dieser Zeit wird das Volumen doppelt so groß. Den Teig noch einmal kräftig einige Minuten lang durchkneten und dann kleine Kugeln (je ca. 40 g) formen, die hauchdünn ausgerollt und leicht mit Schmalz bepinselt werden.

2 Dann wieder kleine Kugeln formen, ausrollen und mit Schmalz bestreichen, und das Gleiche noch einmal wiederholen. Zum Schluss aus den Kugeln nacheinander mit dem Handballen 25 cm lange, dünne Stäbchen formen. Diese zur Spirale drehen und die Enden andrücken. Den Vorgang wiederholen, bis alle Kugeln verbraucht sind. Die fertigen Spiralen mit ein wenig Abstand voneinander auf eine leicht gefettete Backfolie legen. Mit dem Tuch zudecken und eine halbe Stunde ruhen lassen. Die Spiralen mit Wasser besprühen und das Backblech bei 200 °C in den Backofen schieben. Nach gut zehn Minuten die *ensaimadas* aus dem Ofen nehmen und mit Puderzucker bestäuben.

1

2

FILLOAS DULCES

Käsecrêpes ☛ *Galicien*

200 g *queso fresco* oder *requesón* (zarter Frischkäse)
2 dl flüssige Kochsahne
50 g Zucker
1 Zitrone
Vanille-Backöl
Zimtpulver
150 g gemischte Waldbeeren (nach Belieben)
30 g Schmalz

Für den Teig:
3 Eier
1 dl Milch
30 g Mehl
1 Prise Salz
20 g Butter

Portionen: 4-6
Vorbereitungszeit: 20'
Kochzeit: 20'
Schwierigkeitsgrad: ●●●
Kalorien (pro Portion): 711
Proteine (pro Portion): 23
Lipide (pro Portion): 52
Nährwert: ●●●

1 In einer Schüssel oder in der Mixerschale die Eier aufschlagen und unter Zugabe von Milch, Mehl und einer Prise Salz verquirlen. Die flüssige Butter und so viel Wasser einrühren, bis ein dickflüssiger Teig entsteht.

2 Eine Pfanne mit 24 cm Durchmesser, möglichst aus Gusseisen, mit Schmalz einfetten und langsam erhitzen lassen, bis sie glühend heiß ist, jedoch ohne dass das Fett zu rauchen anfängt. Den Pfannenboden dünn mit Teig bedecken und stocken lassen, den Crêpe hochschleudern und in der Luft drehen lassen, wieder auffangen und von der anderen Seite goldgelb werden lassen (wer das Kunststück nicht beherrscht, nimmt einen Teller zu Hilfe). Nacheinander alle Crêpes ausbacken, auf einem Teller stapeln und warm stellen.

3 Den Käse in eine große Schüssel geben und entweder mit dem Schneebesen oder mit einem Handrührgerät die Sahne, den Zucker, die abgeriebene Zitronenschale und einen Tropfen Vannille-Backöl darunterschlagen.

4 Die Masse auf die Crêpes streichen, dabei etwa 2 cm Rand freilassen. Nach Belieben über der Füllung ein paar Waldbeeren verteilen, dann die Crêpes aufrollen und mit Puderzucker bestreuen. In Galicien gibt es auch köstliche salzige Crêpes, die mit Käse und Meeresfrüchten gefüllt werden.

Ein Kinderballett in einheimischer Tracht führt einen traditionellen galicischen Tanz vor.